生命，因**閱讀**而**大好**

Tell Me The Truth About Love

走入愛情諮商室，克服脆弱、孤獨與背叛，
找回彼此最動人的模樣

我們為何不愛了？

13 Tales From The Therapist's Couch

Susanna Abse
蘇珊娜・阿貝西——著
黃庭敏——譯

致保羅，感謝你伴隨我探索真相。

我們的行為是仿效他人對我們的行為。

——心理學家約翰·鮑比（John Bowlby）

目錄

CONTENTS

第二部　背叛・138

前言

告訴我關於愛的真相

伴侶關係是本書的重心，就像它是我們生活的重心一樣。我們生來就想與他人接觸，並與他人建立關係，雖然不一定每個人都在雙親的陪伴下成長，但我們內在的心理機制都深植著親密關係的概念。儘管科技進步，但總要有一個精子和一個卵子，才會創造出一個吸著奶嘴的嬰兒，這是兩個身體和兩個心靈融合在一起的產物。對於人類來說，我們無法獨力製造嬰兒，即便可以，「性交」和人際互動的動機仍然繼續存在著。我們是為愛而生的。

這種聯繫感是我們許多夢想和幻想的核心，並推動了童話故事的敘述，卡爾．榮格（Carl Jung）認為這顯露了人性本質在某方面的基本道理。正是出於這個原因，我用童話故事作為標題，以一連串精神分析寓言的形式寫了這本書，試圖用這些寓言，來闡明我們在人際關係中面臨的一些普遍議題和永恆困境；而這些情況吸引伴侶結合在一起，卻也常常因此讓他們分手。

渴望徹底轉變經常是人們接受治療的核心，就像童話故事的核心一樣，只有在主角克服巨大的障礙和逆境後，才會有幸福美滿的結果。顯然地，心理治療不會把青蛙變成王子，然而它確實試圖帶個案踏上一段旅程，讓他們明白青蛙和王子是同一個人的兩個部分，而「轉變」也許就來自接受這個事實。話雖如此，有些個案卻尋求快速的解決方案，期待有一種神奇藥水，當他們發現沒這種東西時，就會感到失望。

我從超過三十五年的實務，以及與數百名活生生個案進行過數萬次的晤談中，獲得本書案例帶來的啟發和內容。所有的個案都可以放心，因為他們告訴我的事情都是保密的，這一點很重要，這意味著我不是在寫任何特定的人。但讀者會問：「那麼這些故事是真的嗎？」答案是它們是「真的」，就像童話故事是「真的」一樣。這些故事的目標，是讓人們更深入地了解人類狀況的真相，每一章都是一個故事，代表我反覆以不同形式目睹的問題和行為模式。雖然這些故事不是針對任何特定的個案，卻能提供真相，顯示人類對他人的需求和脆弱的實況——我們無可避免地依賴他人，卻也害怕依賴他人。

在探索愛情關係時，我們要質疑到底什麼是真相？這一點極其重要。哲學家把真相描述為符合現實的東西，但現實是主觀的：我的現實與你的現實不同，你的現實與我的現實也不同。我指出這點，是因為這個問題是伴侶治療的核心。在治療中許多人會發現，他們不僅向他人隱瞞了真相，還一直對自己撒謊。因為對自己誠實，通常意味著要面對痛苦的真相，而這又是我們經常會迴避的。因此，伴侶之間的「真相」有兩個面向：第一個面向，是面對自己的感受，了解自己的經歷；第二個面向，是面對伴侶的感受，以及了解他們的經歷。真正的挑戰在於，這兩個真相是否可以共存，不至於有一個真相威脅、抹殺了另一個真相。

大多數伴侶需要一點時間來提起好奇心。探究自己內心的真相，可能無法反映某些客觀現實，但至少在一定程度上能反映出自己的家庭經歷。況且，當伴侶確實變得充滿好奇心而降低了防禦心，並且坦白自己的感受時，他們可以重新發現對方、發現不同的真相，也就是共有的真相，進而創造新的敘事。這不單純是一種理智或認知上的知曉，而是一種顯露情緒的過程。正如榮格在《榮格論心理類型》裡說的：「我們不應該假裝只透過理智來理解世界，我們同樣要透過感覺來理解它，理智的判斷只是真相的一部分。」

榮格很有智慧，身為一名心理治療師，我領悟到，我們所有的經歷都充斥著以前的經歷，並被以前的經歷所左右。我們處理每一個新的事件或關係時，有太多先入為主的觀念，無法永遠不受到影響；儘管我們可以想像自己是公正、客觀地目睹自己的人生，但事實並非如此，因為過去的經驗會繼續存留至今。

因此，在伴侶治療中，目標是尋求真相，但不是要控制真相。說得更確切一點，目標是在伴侶之間逐漸呈現某些事情的過程，從而促成發現、促成理解，有時甚至促成轉變。我希望這本書可以幫助讀者對自己和自己的關係有更深入、更豐富的洞察力。伴侶治療主要是了解關於你自己和你的伴侶的事情，這些事情一直隱藏在我們的假設背後而不為人知。重點在於放下你的一套「真相」，去敞開心胸，對彼此能有更多的共同理解，這就是愛的真相。

第一部

脆弱的羈絆

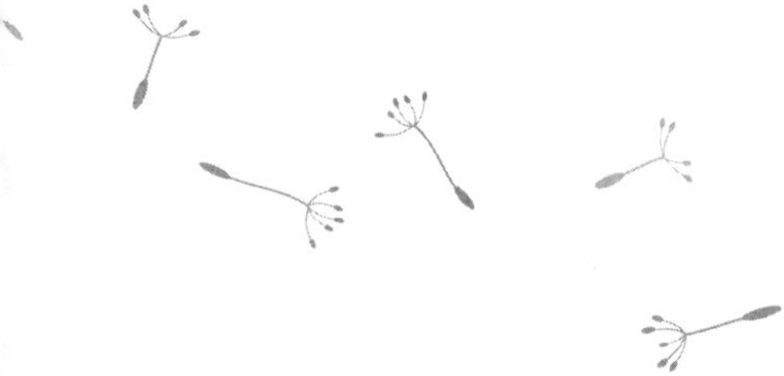

我們在戀愛的時候，最毫無防備。

——西格蒙德．佛洛伊德（Sigmund Freud），《文明與缺憾》

所有人都是脆弱的，儘管我們可能一輩子都在假裝自己不脆弱。我們生來就是無助的，這種無助的經歷是忘不了的。這種經歷迴盪在生活中，當我們長大成人在夜深人靜睡覺的時候，都還會攪擾著我們。

脆弱是人之常情，我們唯一真正的保護來自其他人。那些人用雙手把我們抬起、用手臂托住我們、用心了解我們。如果沒有他們，我們就要孤軍奮鬥，沒有人是為了這樣的情況來到這世上的。然而其他人也會威脅到我們，他們讓我們想起自己被拋棄的時候；他們的手臂不是輕輕托住我們，而是粗暴地挾制我們，讓我們想起自己被誤解的時候。所以一旦談到愛，我們會因為害怕而武裝起來，好能防衛自己脆弱的一面。

1

陷入分分合合的爭吵迴圈

維多利亞和魯伯特不肯走出娃娃屋

他們都非常有魅力，
但兩個人在一起簡直就是一場噩夢。
他們毀了太多場的晚宴、把好好的假期給搞砸，
還會三更半夜打電話給別人哭著訴苦。

有些伴侶非常幼稚，他們會爭吵、較勁、謾罵和嚎啕大哭，而且還喜歡把旁人拉攏到自己這一邊來。一旦所有的朋友都被他們搞到受不了之後，此時伴侶治療師通常會派上用場！

我有些同事只接單人諮詢的案件，並堅持說永遠不想替伴侶一起進行諮商，因為他們非常受不了伴侶之間的口角。我記得很多年前，我在一個研討會授課，有位治療師學員對我介紹的案例感到非常生氣，氣急敗壞地問：「天哪，如果他們無法相處，為什麼不乾脆就此罷手呢？」這番言論引起了短暫的掌聲和學生們的點頭認同。

我們可能不認同伴侶爭吵或表現得像小孩一樣，但在我看來，伴侶之所以成為伴侶，部分原因就在於，親密關係是允許成年人行為幼稚的少數方式之一。不然我們還能在哪種情況下用傻裡傻氣的聲音說話？叫別人以及被人叫成「小乖」之類的暱稱？在打打鬧鬧的嬉鬧中，你還能向誰潑水，甚至是噴番茄醬？還有誰會朗讀給你聽、唱歌給你聽？抱著你、溫柔地撫摸你？這也許是人生中的一個矛盾現象，父母會和孩子共睡，讓孩子得到父母的溫暖，而孩子一旦過了嬰兒期，就被訓練要獨自睡覺。與伴侶在一起的時候，我們可以回到兒時嬉鬧和觸摸的世界，而這在我們成年後的生活中通常是被禁止的。

幾乎所有親密的愛情關係都有童心未泯的特質：我們和對方用童言童語的方式表達愛意，還會依偎在一起、撫摸和嬉鬧。做愛本身提供了撫摸、愛撫、吸吮、搔癢和探索的機會，而大多數成年人的生活中卻不會做這些事。我最近在希臘的一個海灘上，看到一對情侶把雜草放進對方的鼻孔裡，測試各自能忍受多久的時間。我笑得東倒西歪，注意到他們是多麼地相愛，以及從這種幼稚破表的行為中看出他們有多親密。

儘管知道這點，但我不得不承認，有些伴侶幼稚行為的退化和殺傷力之強大，即使對我這樣有經驗的人來說，也覺得相當受不了。

維多利亞和魯伯特非常難搞。他們三十多歲，外貌姣好、多金、聰明，但是我再說一遍，他們非常難搞。他們都非常有魅力，但兩個人在一起簡直就是一場噩夢。他們毀了太多場的晚宴、把好好的假期給搞砸，還會三更半夜打電話給別人哭著訴苦，導致朋友拒絕與他們往來。所以他們出現在我的諮商室，準備讓我承受類似的經歷。

不過，我忍受過其他類似的伴侶爭吵，累積下來的經驗，讓我知道必須採取不同的方法。他們在晤談的過程中會胡鬧發脾氣和流淚，然後在下次面談前，我就會接到裝腔作勢的電話和電子郵件。他們各自都會向我轉發他們之間的簡訊或電子郵件，有時他們的交流郵件會把我加進副本收件人，並要求我評理，好像我是來伸張正義的。他們都相信自己是對的，他們會用閃著淚光的眼睛向我懇求，來證實他們的觀點是正確的。他們每次來晤談時，已經是好幾天沒說話了，然後每個星期四在我的辦公室裡，他們又會和好如初，像兩個調皮的小孩一樣，笑著一起離開我的諮商室。

有些伴侶在吵架的時候，會對伴侶不公平的指控和扭曲事實表示憤怒。「如果我有錄影存證，就能證明我是對的。事情根本不是那樣！」他們尖叫著，各自從自己的角度看待事情，而這個角度受到過去經歷的扭曲和影響；這些經歷通常包括創傷、忽視和虐待，會給人帶來混亂，難以區分感覺和事實。伴侶越憤怒、越不是滋味，就越會去臆測對方的動機和意圖。

我希望在我謹慎地進行諮商後，維多利亞和魯伯特能夠打破這個循環，並開始變得好奇——對自己感到好奇，也對彼此感到好奇。他們對彼此的臆測，加上他們為了避免難過而產生的激動，讓他們一次又一次地重複著憤怒、背叛與熱切和好的循環。雖然這種模式有時似乎會讓他們興奮，但我可以料到，**在這種吵吵鬧鬧的背後，他們之所以感到絕望和悲痛，是因為他們從未感到被理解或安心。**我知道，如果要改變什麼，他們得要變得沮喪。他們得要認清，在娃娃屋裡家具可以被扔來扔去，玩偶可以被倒著放而不會有任何後果或損害，但是他們的關係可不是娃娃屋。我想讓他們感受到這是多麼嚴重和令人傷心，我想讓他們談談他們的恐懼。總之，我希望他們能有所不同。

然而，我想達到的這一切是否妥當，這是非常值得懷疑的。心理治療師應該為他們的個案制定這麼明確的目標嗎？我們的工作不就是促成個案想要的情況，而不是我們渴望他們能有的情況嗎？我當然知道這一點，那麼在輔導維多利亞和魯伯特時的挫敗感，我該如何熬過呢？我該如何忍受他們在晤談中沒完沒了的瑣碎爭吵，然後又歡天喜地的和好？還有，正如我那位氣急敗壞的學生提出的合理問題，是時候就此罷手嗎？

我發現自己又想起多年前見過的另一對伴侶。羅莉和克萊夫來找我諮商時還很年輕，分別是二十三歲和二十四歲。他們也有過戲劇化的情感起伏，多次分分合合。任何枝微末節的事都會引發雙方威脅要結束這段關係，我永遠不知道下週會發生什麼事。我會嚴正地請他們認真看待我的工作，但這似乎不可能。在他們幾週都沒來複診、也沒付我費用和傳來瘋狂的簡訊之後，我寫了一封電子郵件，表示他們可能還沒準備好接受治療；而當他們認為可以下定決心時，就應該跟我聯繫。

多麼諷刺啊！下定決心當然是羅莉和克萊夫所糾結的問題，兩人都感到太害怕，不敢真正投入這段感情，並且都發現不可能認真參與治療。

我納悶，這也是維多利亞和魯伯特的問題嗎？他們的年紀比羅莉和克萊夫大一點，因此風險要高得多。另一方面，維多利亞和魯伯特財力雄厚，就可以用更戲劇化的方式互玩把戲。

在二月的一個灰色星期二，我得了重感冒，很勉強地去上班。維多利亞和魯伯特是當天最後一個約診，我精疲力盡，暗地裡希望他們會取消，這樣我就可以回家穿上我的睡衣了。已經過了六點鐘，我正開始考慮拿外套的時候，對講機響了，他們遲到了十五分鐘。他們氣沖沖地走進來，拉開他們搭配一致的法國名牌Moncler羽絨外套的拉鍊，沒讓自己喘口氣，劈頭就講他們最新的戲劇化事件。

看來他們去瑞士頂級度假勝地策馬特滑雪，過了一個長週末假期，而在第二天，維多利亞對魯伯特挑釁的評論感到憤怒，因為他嫌她穿上滑雪褲的屁股看起來很大。她立即租了一輛車，開了五個小時去見在聖莫里茲滑雪的朋友。普通人必須留在原地解決問題，但由於衝動和多金，她不需要這麼做。她可以用最戲劇化的方式表達自己的觀點，把魯伯特一個人留在山上。

這種「情緒失控」是非常反療效的。治療的重點是接受情況、承受感覺、忍受不舒服，以及面對我們的恐懼。維多利亞和魯伯特似乎「堅定地」不去投入這個過程。

然而有一件事是他們倆最想要的，當我在晤談中談到這件事時，我的話在他們心中迴盪，他們會安靜下來，不吵不鬧，因為我的話呼應了他們建立家庭的奢望。組成一個家庭，這是他們在成長過程中都沒有的東西。我不會詳細說明他們各自的背景，但我相信身為讀者的你，可以想像他們遭遇過的忽視。他們有很多錢，卻很少得到關心，年紀輕輕就被送入豪華的寄宿學校。雖然過著錦衣玉食的生活，卻無法彌補對實際關注和愛的空缺。雖然享受了很多假期和隆重的排場，卻沒有穩定的感覺。如果你停下來稍微想一想，那是非常痛苦的。這正是他們沒有或無法做到的事。

在這些晤談中，隨著好幾個星期過去，他們反覆出現破壞感情的分手，然後又和好。我會堅定地阻止他們爭吵，然後試圖讓他們明白這一切是多麼令人難過。他們原本計畫去看戲，或去巴黎、羅馬或策馬特，卻演變成要思念對方三天，多麼令人難過啊，這些被取消的活動或被破壞的場合。我會說，這一切都白白浪費了，也枉費他們最深切的希望。漸漸地，非常緩慢地，他們的態度開始和緩，表現出真正的悲傷，並在每次爭吵後比以前更快地回到對方身邊。

小孩喜歡娃娃屋，因為這是一個可以由幻想主宰的地方，小孩在這裡可以無所不能和掌控一切。內心脆弱的維多利亞和魯伯特喜歡假裝自己堅強剛毅，但他們當然不是。

伴侶之間免不了會有爭吵，兩人意見會有分歧不僅是無法避免，而且還很重要。也許比達成共識還更重要的是，解決我們的分歧，使我們真正弄清楚對方。你不是我，我也不是你。沒錯，這很困難，又令人失望，但也很有趣，有時還令人興奮。如果我們只是「我們」，那「我」算什麼？

所以，**要成為一對夠幸福的伴侶，其中的訣竅並不是不吵架，而是要學會真正的和好，以及好好地修復關係。**魯伯特和維多利亞在治療初期很快就和好如初，但他們從未修復任何事、從未學到任何事。避免感覺、避免思考和避免知道這些事情的痛苦，這樣的和好只是一種躁狂的修復罷了。

2

不敢面對衝突的表面恩愛

傑克和吉兒從山上滾下來

儘管他們是藝術家，卻絲毫沒有色彩或創造力。
他們談到的問題，
例如沒有性生活或缺錢這些顯然很重要的事，
不知怎麼地卻沒有被主動提及。

傑克不吃肥，
老婆不吃瘦；
兩人正正巧，
吃光碟中肉。

——童謠

婚姻和長期的伴侶關係可以幫助我們發展和成長。我們在人際關係中遇到的滋養和挫折，確實有助於我們成熟。因此，當一對伴侶接受治療時，通常是因為這個逐漸成熟的過程卡住或停滯了，他們發現到這段關係沒有幫助他們茁壯成長，反而是讓自己陷入破壞性情緒和行為的模式中。伴侶心理治療可以疏通這種情況，在經歷生兒育女、教養孩子、發展事業、培養友誼、管理退休生活的人生週期之中，能使雙方重新展開更有創意的旅程；當然，終究還是要面對年老和死亡。對於一些關係尚未成熟的伴侶來說，這種停滯或困住的狀態，則是為了避免種種衝突而產生的。

我記得一個早期的案例，也許是三十年前的事了，這個案例第一次讓我明白到這一點。兩位當事人都是藝術家，住在安靜、偏僻的鄉下，儘管離倫敦不遠。我姑且稱他們為傑克和吉兒。這對年紀稍大的夫婦沒有孩子，也不想要有。隨著我開始認識他們，我的結論是，他們沒小孩的原因是他們仍然覺得自己像小孩，就像在森林中迷路的小朋友。

當時我看起來還很年輕，在一家大型的公費醫保診所內當實習治療師。這不是一個特別友善的地方，但我很想遵守關於看診過程的許多規則。這家診所的規定是個案到了之後，我必須打電話給一個冷漠的接待員，然後她會請這對夫妻走上三層樓到我的辦公室。

那是一個星期二的下午，我花了整個上午在研討會中和我的主管一起為一對新的伴侶做準備。我關上了辦公室的窗戶，看了看我的手錶，發現已經下午兩點

＊一首名為〈Jack Sprat〉的童謠，在英語國家流傳久遠。

了，所以我打電話去問他們是否到了。接待員告訴我，這對夫婦正在上樓了。雖然我對傑克和吉兒一無所知，還是滿心期待地在電梯前等著迎接他們，並想陪他們走到我的診間。時間一分一秒地過去，當我看著時鐘的指針逐漸向兩點十分移動時，我開始納悶他們去了哪裡。

然後，我轉向旁邊的樓梯，看到一對年長夫婦拖著沉重的步伐慢慢走到我等待的地方。我不確定他們是否就是傑克和吉兒，所以我們站在那裡的時候有點尷尬，然後我說：「你們好，我是蘇珊娜・阿貝西。你們是來找我的嗎？」他們點點頭，默默跟著我沿走廊來到我那間家具簡陋的辦公室，裡面有臨床院所用的油氈地板和金屬窗戶。

當我走到了門前，這對夫婦已經落後我約六公尺了。無可否認，我是走得很快，但他們的步伐卻像蝸牛一樣，一進門，似乎花了好長時間才把包包和大衣脫下來放好，然後就坐。

我很有禮貌地自我介紹，並告訴他們諮商時間到下午三點十五分為止，這是第一次諮詢，要來探討伴侶心理治療是否對他們有幫助。然後我請他們告訴我，他們為什麼要來。

他們停頓了很久，我藉此機會端詳了他們。傑克很高、很瘦，我想他以前一定很帥。他的頭髮有點花白，看起來已經有幾個月沒梳頭了。

吉兒穿著寬鬆的混紡毛料裙和厚厚的深色褲襪，都穿到很破舊了，看起來也沒好好打扮自己。她戴著一條令人印象深刻的橙色珠子項鍊，頭髮染成了緋紅色，鬆垮垮地盤了起來。在她彎腰把包包放在旁邊的藍色地毯時，我可以看到她的白色髮根。她坐起來後看著我，露出了一個小小的溫暖微笑。

他們繼續沉默不語，最終傑克焦慮地注視著吉兒，他先開口說話。

「我們一直與鄰居有些問題。」他停了下來，我點點頭，鼓勵他繼續說下去。

他再次向吉兒望了一眼，然後慢慢地解釋說，鄰居反對他們在自己的土地上蓋一間新的工作室。我感到疑惑，但又很好奇，因為很少會聽到案主用這種話題來開場。傑克描述了這個工作室，雖然離他們最近的鄰居很遠，但卻在山的一側，因此非常顯眼。他們的鄰居抱怨這個建築物破壞了風景，所以寫信給當地的建管單位，然後公家機關告訴他們，在建造之前應該先取得許可才對。傑克繼續說，他們非常擔心，因為他們擔心要把它拆掉。我可以感受到他散發的焦慮。

吉兒皺著眉頭，但什麼也沒說，於是我稍微試探了一下，問這個問題是否在他們之間造成困擾。接著又是一陣長時間的沉默，然後傑克再次先開口。「可能吧！」他說道。

我轉向吉兒，「我想知道你是否想再多說一點，吉兒。也許你對事情的看法不同？」我當時並不知道，這個問題會觸碰到他們問題的核心。她的看法會不同嗎？顯然不是。

儘管傑克和吉兒似乎不願意討論他們之間的任何問題，但他們確實告訴了我一些他們的人生故事。他們是在上藝術學校的第一天認識的，兩個人都是剛到倫敦，對這一切都感到很不知所措。傑克說，他被吉兒靜謐的氣質吸引，她看起來如此淡定和不急不躁，很有「禪意」。吉兒說，她被高大的傑克迷住，他看起來是那種強壯而沉默的類型，這讓她想起了哥哥。他們熱烈地談論他們如何發展出一套一起工作的方式，這對他們的藝術創作至關重要。他們從十八歲起就形影不離，現在已經要邁向六十歲了。他們讓我想起了知名雙人藝術組合「吉爾伯特和喬治」（Gilbert & George），他們就像異性戀版本，兩個一模一樣有創意的人。創作顯然是他們生活的動力，吉兒詳盡地談到傑克是多麼出色的雕塑家，她多麼努力地效仿他的工作精神，儘管有時她發現這很有挑戰性。她邊說邊笑得很開心，他也咧嘴大笑，雖然我不太明白有什麼好笑的。在晤談進行時，我注意到他們兩人常常在大笑和微笑，而這是不是一種掩蓋更多不自在感覺的方式呢？

他們離開後，我在記事本寫下「森林裡的小朋友？」這是我對一種特定類型伴侶的簡稱，任何衝突或分歧對他們來說都很困難，他們會竭力保持彼此之間的和諧順利。因此這對沒長大的夫妻，面臨到的所有衝突和問題都源自外在世界，像是與姻親或手足的關係，或許還有鄰居。我感覺到，傑克和吉兒試圖生活在類似童心未泯的避難所裡，隱身於鄉間，遠離外界的侵擾和要求。唯一迫在眉睫的問題似乎是他們的鄰居，他們擔心這些鄰居會來抓他們。

「森林裡的小朋友」這類型的伴侶試圖建立一種關係，在這種關係中，伴侶像好媽媽一樣，會全心全意且心照不宣地來理解並滿足對方的需求。各自都會去適應對方，因此有兩人成為一體的錯覺，就像是一種被擁抱和安全的幸福經驗。

你儂我儂，
忒煞情多；
情多處，熱似火；
把一塊泥，
捻一個你，
再塑一個我。
將咱兩個一齊打破，

用水調和；
再捻一個你，
再塑一個我。
我泥中有你，
你泥中有我：

我與你生同一個衾，
死同一個槨。

——管道昇，〈我儂詞〉*

這首詞說的是大多數愛情故事開始時，那種兩人合一的美好感情。當我們墜入愛河，把我們的心交到某人手中，因為感到兩人完全融合在一起，有了一種安全的錯覺——畢竟，對陌生人做這種事非常冒險。我們不自覺地認為：「如果我們是一體的，你就不會傷害我。如果我們是一樣的，永遠鎖在一個充滿愛的擁抱中，你就永遠不會離開我。」

在大多數的關係中，成年伴侶會經歷逐漸幻滅和分開的過程。人生無常，蜜月期結束了，突然間你不是與這位理想的人一起生活，而是與更真實的人相處，他們有自己的觀點和各自不同的需求。這種幻滅可能預示著一段關係的結束，也

*元代書畫家趙孟頫之妻管道昇的作品，將夫妻巧妙比喻成泥人，表達了白頭偕老的願望。

可能是一個新階段的開始。通常這感覺像是痛苦的損失，雙方可能會花上幾年的時間來克服這種失落，用更現實的眼光去看這段關係可以給彼此帶來什麼。這肯定不會太浪漫，但對許多伴侶來說，**這個階段也預示著更優質的親密關係，因為這樣的關係更真實，而感到被人理解，向來會增強親密關係和親近感**。

我不確定傑克和吉兒是否會接受伴侶心理治療，我認為對他們來說可能吃不消，因為他們似乎已經建立了一種與世隔絕的生活，來保護他們不去爭執和免於人際關係的粗暴和混亂。但令我驚訝的是，經過幾天的考慮，他們寫信說，願意每週來看我。他們明確表示，這將是一個很大的承諾，因為單程就要花他們近兩個小時。因此，當時仍在接受研究所訓練的我，對於他們許下這麼大的承諾，我不知道自己的能力能否幫得上忙，所以感到有些不安。輔導一對年齡大到可以當我父母的夫婦，我感到很緊張。

下一次的晤談沒有進一步澄清他們之間的問題，說得更確切一點，他們喋喋不休地談論鄰居以及對當地議會的懼怕。他們鉅細靡遺地談到自己有多麼擔憂必須拆掉工作室，以及這會嚴重干擾傑克準備明年極富聲望的個展。我不斷聽到這有多重要，這是他第一次的個展，有多麼光榮。以前沒有畫廊向他提出辦個展的機會。

「那麼吉兒，對你來說怎樣呢？」我問道，「也許對傑克來說，在沒有你的情況下，獨自一人舉辦個展是一個相當大的挑戰嗎？」

「問題在於窯爐，」她無視我的問題說，「要價好幾千英鎊，還花了幾個星期才裝好，我們根本沒有能力再重來，弄窯爐花掉了最後一筆錢。如果他們說我們必須拆除工作室，那麼這將是……」她拖長了聲音，額頭皺得像她手中揉皺的面紙。我開始覺得他們都害怕談論任何私密的事。他們害怕工作室被拆毀，是否也象徵著他們害怕治療會對他們的關係造成影響？但現在說這些還為時過早，他們聽不進去，也不會明白。

他們好不容易離開時，我直接走向我的辦公桌櫃子，我在那裡放了一包絲卡香菸。我拖著沉重的腳步走到窗臺邊，打開了窗戶，趴在石作窗臺上，點燃了菸。我對自己說，這將是一個緩慢的考驗。

我們每個人都有一套固有的範本，影響我們對他人的回應方式。當我們是嬰兒和小孩時，我們觀察並吸收周遭的人際關係，這些觀察形成內在的影像，造成我們對親密關係的期望和恐懼。這些印象不是固定的，我想像它們就像輕輕落在眼睛上的面紗一樣，扭曲了現實，軟化了銳角的生硬感，讓我們可以一窺外面的世界。我認為這很貼近所有人的情況，但如果我們童年的家庭生活經歷是脆弱、破壞力強大和可怕的，那麼我們內心對人際關係形成的畫面就可能非常令人恐慌，使我們感到害怕和猜疑。人類是脆弱的，容易受到影響，還容易受到傷害和感到傷心。比起狗這種最親近我們的動物，人類更容易受傷，狗似乎都比人類癒合得更快。

梅西在封城期間來到我這裡，使我想起了這一點。她是一隻一歲左右胖胖的雜種狗，一直在波士尼亞的動物收容所耐心等待被人認養。她被關在一個板條箱裡，用卡車載送經過三天之後，當她見到我們時，她很友善，但有臭味。別人給梅西什麼東西她都會接受，她會搖晃尾巴，但她不會看你的眼睛，而且會高興地跟距離最近的陌生人走，因為他們看起來有更好的食物。如果我們的牽繩不小心掉了，她就會跑開，對我們視而不見，並去尋找她的下一張飯票。接下來她出現一段叛逆和拒絕合作的時期，這是一種自私的權利，意味著她會把食物搶走和看守著玩具。然後，在她來了三個月之後，也就是八月初，她似乎放鬆下來了，變得更聽話，我們就相愛了。她深情地看著我的眼睛，我也回看著她，突然出現那種強烈的連結感。我信任她，她也信任我，這讓我感到驚訝，梅西讓我很驚訝。我想到了這些年我所輔導的一些個案，他們的信任是多麼緩慢和痛苦地出現。在我看來，狗沒有人類那麼脆弱。當牠們受傷時，牠們可以修復，而且可以更快地復原。

傑克和吉兒還沒有修復好。童年時曾困擾過他們的事情，正影響著他們現在的關係。在他們小的時候，有某件事讓他們感到害怕，因為害怕再次受到傷害，所以他們的策略是創造一種共同的理想化隱居處，徹底地遠離世界，遠離住在嬰兒房裡的幽靈。

接下來的那一週，我在診間等傑克和吉兒。我在十分鐘前打到櫃臺，接待員告訴我他們正在上樓。但他們在哪裡呢？我的思緒飄回到第一次的晤談，以及他們當時是如何「消失」的。我拿起電話，再撥打了一次，請接待員再確認一下，他們是否還在等別人跟他們確認可以上樓。但是接待員告訴我，沒有啊，他們已經上去了。

最後，我聽到在我打開的門外，傳來沙沙作響的輕聲。我把門敞開，可以看到傑克和吉兒站在走廊的牆邊，好像在排隊一樣。我做了個手勢請他們進來，他們慢慢地走到兩張椅子前，小心翼翼地坐在椅子的邊緣。

「看來你們對今天要來這裡感到有點猶豫。」我親切地微笑說。

吉兒望著我，從她的注視中，我感到一股極大的渴望。但她什麼也沒說，傑克也沒有。

「我想你們可能都希望不需要解釋任何事，我就能了解你們的一切和你們的煩惱。」

傑克點了點頭，笑了一笑。

「也許這也是你們之間的情況？一種不需要說話就能被理解的感覺。」

傑克又點了點頭，吉兒則說：「是的，但是……」她停頓了一下，「但是傑克現在似乎並不理解我。」

我等著，希望她能多說一點，但她沒有。

「吉兒，他不理解的是什麼呢？」我問道。我知道這是一種危險的策略，因為問一個問題可能會讓我問另一個問題，直到我看起來像在對她進行交叉詢問。但是，如果我們要有所進展，我覺得我必須幫她一下。

「我沒收入了，我們沒錢了。」吉兒說著。我看了傑克，但他臉上沒有表情。

「那一定很可怕。」

吉兒於是娓娓道來，告訴我她繼承了遺產，是一大筆錢。他們從藝術學校畢業後，就一直靠她的遺產生活，但最後一筆錢都用在蓋工作室了。傑克需要工作室，所以他們蓋了一間，但現在他們半毛錢都沒有了。她無奈地聳了聳肩，我再次看向傑克，他正盯著窗外。

我承認有一股憤怒湧上我的心頭。我想著「傑克，幫幫忙，振作起來吧！」然後我又思索，我這種感覺是否可能與吉兒壓抑的憤怒有關？

「你想讓傑克更參與這個情況嗎，吉兒？也許你覺得，好像只有你一個人在擔心錢的問題？」

她看起來若有所思，並用堅決的口吻說：「我不想讓傑克擔心。」

我感到一陣絕望，然後振作起精神說：「你覺得要擔心嗎，傑克？關於財務狀況？」

他搖了搖頭，嘴巴嘟起來，但沒有說話。我決定說得更直白一些。

「如果錢用完了，對你代表什麼，傑克？」

他看起來很驚嚇，彷彿這是他從未考慮過的問題。我可以看到吉兒正在仔細地注視他。「我真的不知道，我想我們會沒事的。」

我們三個人一語不發地坐了一段時間。我感到絕望，開始擔心他們不會回來晤談，而我必須向我的培訓主管報告這個案件，他會認為我很失敗。我必須做些什麼，但是能做什麼呢？

似乎有好長一段沉默的時間。最後我說：「我認為，你們都用不同的方式告訴我，要來這裡是多麼艱鉅，討論你們之間棘手的事情是多麼可怕。我今天注意到，你們花了很長時間才上樓，好像你們在某種程度上都非常不願意開始這個過程，我注意到你們兩人似乎都極力維持你們之間的事情順利。」

「吉兒似乎不想要……親熱。我不知道原因，這有點羞愧……」當傑克開始講話時，我感到非常欣慰。

「親熱？」我重複道。

「對，沒錯，親熱。」傑克低頭看著他的腳說。

「你是指，你們不再有任何親密的性行為了？」

他們都點點頭。

「你能跟我談談這些年來，你們生活中的這部分是什麼情況嗎？」我提議。

然後，傑克詳細敘述他們以前的性生活是多麼美好。他們相遇時都還沒有過性經驗，在那個年代，人們在婚前是沒有性經驗的。但他們有，這也是他們擺脫家庭束縛的一部分，但後來就沒有性行為了。他們似乎不知道為什麼停止了，當我問他們距離上次做愛有多久時，我很驚訝地聽到有二十五年了。

「我覺得沒那麼久，傑克。時間還要再短一些。」吉兒說。傑克沒有看她，也沒有反駁，只是面無表情地坐在那裡看著我。

我覺得自己沒能力回應他們。面對比我大了將近三十歲的夫婦，我可以說什麼幫得上忙的話呢？

這樣的晤談持續了好幾個星期。如果沒有人提示，他們都不會說話，而我試圖展開對他們的探索，碰到的卻是他們的沉默、笑聲或轉移話題。他們讓我看到夫妻的防衛是多麼地頑固和徹底，這給我上了第一堂受用的課。他們配合得天衣無縫，把我拒於門外。然而他們還是不斷來找我，所以我覺得他們有一部分是希望改變的。

我的培訓包含每週參加案例討論小組，傑克和吉兒就成為固定的主要案例，我會經常談起他們並尋求幫助。當我開始談到這對夫婦帶給我的挫折感時，我的年輕同事會用同情的眼光看著我。我的主管鼓勵我繼續下去，叫我要忍受挫折，並解釋他們對變化的恐懼；他相信遲早有一天，就像把溫水澆在冰塊上一樣，這對夫妻會開始融化和敞開心房。

雖然我的諮商室只是四面白牆，但每位個案帶自己的問題前來時，也帶來了豐富的內在和外在生活。他們會談論自己的家、新沙發和他們邀請來吃午餐的朋友；他們會討論假期、爭論學校的選擇；然後在我的腦海中喚起一個家、一間餐廳、一位朋友，甚至一頓飯的畫面。我會跟隨個案經歷他們的生活，在這個旅程中，我努力幫助他們理解生活引起的所有感受和衝突。然而，偶爾也會有個案不會讓我想到任何東西，沒有畫面、沒有事件、沒有朋友。他們在我腦海裡喚起的世界是空的、毫無生命力。這些是最令人擔憂的案例，也是最難以忍受的。

傑克和吉兒就是這樣。我的腦海中沒有畫面、沒有場景或互動來幫助我了解他們的生活。我所擁有的只是他們的一片空白，儘管他們是藝術家，卻絲毫沒有色彩或創造力。他們談到的問題，例如沒有性生活或缺錢這些顯然很重要的事，不知怎麼地卻沒有被主動提及。事情似乎沒有任何發展或得到解決，我感到沉悶和沮喪，對沒什麼變化和進展感到失望。我跟著他們一同陷入了困境。

儘管我曾多次詢問，但他們很少告訴我他們早期的家庭生活。奇怪的是，他們告訴我的事情是如此平淡，似乎他們才一說出口，就從我的腦海中溜走了。在他們開始治療六個月後的一次晤談中，吉兒開始談論她的妹妹，因此我很興奮和留神注意。

「下週她要來和我們一起住，」吉兒開心地說，「我妹妹，瓊安。她就要出院了。」

我等待著，希望我的表情顯示出我有興趣聽到更多內容。我現在很謹慎，生怕自己問了一個又一個的問題會變得像在盤問人。

「她有精神分裂症，我想我告訴過你。」我確信她沒有說過。「她要來住，所以我一直在整理出一間空房來。」她停頓了一下。「這很辛苦，因為表示我要搬很多東西。所以我請傑克幫忙，但你太忙了，對不對，傑克？」

傑克點點頭，「我並不期待這件事。」

「她要來的事嗎？」我問道。像往常一樣，要他回應根本就在癡心妄想，但傑克終於承認，他擔心吉兒會太累，這會破壞他們的工作。

「瓊安很難伺候，特別是她會要求吉兒做事情。如果你必須一直照顧她，你要怎麼做完所有工作呢？我們真的需要把注意力集中在展覽上。」傑克說，他的語氣此刻有點像在發牢騷。

「她過得很辛苦，傑克。我們很幸運了。她一生都在進出醫院。我認為她受到我父母很大的影響。」吉兒對我說。

「你的父母發生了什麼事嗎？」我突然感到很好奇，希望當下他們能分享一些重要的事情。但我試著控制住好奇心，因為如果吉兒看到我有多感興趣，她就會緊閉心門並且消失不見。這就像引誘一隻緊張的野生動物來吃你手上的東西。

「這個嘛，說來話長。」她尷尬地笑了笑。然後她告訴我，她母親常常病態地「慌張抱怨」，這讓她父親感到憤怒。在可怕的爭吵中，他變得很暴力，並且會告訴孩子，他在教他們的母親要乖乖聽話。

這個故事聽起來很痛苦，我開始替她感到難過。

「對你和你妹妹來說，一定非常可怕。」我說道。但是她沒有回答，隨著吉兒談了更多關於她母親的疾病時，我開始認為，也許她得擺脫很多造成創傷的事情，那些事讓她失去了連結各種感情的能力。

「問題是，儘管我父親會很有耐心地向母親解釋，她不能整晚都在鎖門和開鎖，她就是控制不住自己。然後他就氣炸，就會毆打她。」吉兒在說話時顯得很受挫，幾乎是感到困惑。

隨著她繼續說，我開始可以明顯看出她母親患有強迫症。吉兒描述到，即使他們有傭人，她母親依舊會瘋狂打掃。她母親也很懼怕她和妹妹長頭蝨，因而堅持她們每天得洗頭和梳頭四、五次。而當她狀況不好時，就會把自己鎖在臥室裡拒絕出來，有時會持續好幾天，甚至長達好幾星期。吉兒記不清母親關在房內到底有多久。

「我想這對瓊安來說很不好過，那時她還那麼小。對我哥哥泰德來說，情況則不同。」

「為什麼對泰德會不同？」我問道。

「他會被牽連進去。而我會跑開，躲在避暑別墅裡，但是泰德……」她停了下來，望著傑克。「泰德會盡力保護媽媽。他總是盡力保護她，然後我父親也會毆打他。」

她停下來，看著我，然後嘆了一口氣，但她沒有哭。

「你知道嗎？他自殺了，那時他二十一歲。就在我遇見你之前，對不對？」她說著，然後轉向傑克。

他點點頭，卻沒有說什麼。

「傑克，吉兒以前說過這些嗎？」我問道。

他搖了搖頭，看起來突然非常激動，「我知道泰德的事，但不知道其他的，我沒聽說過。我知道吉兒的父親很暴躁，我知道你母親的情況一直不太好，但你從來沒告訴過我這件事。」我覺得吉兒從來沒有和傑克分享過這件事，這是多麼辛酸，但我開始明白，他們實際談論到痛苦或困難的事情有多麼地少。

「傑克從來沒見過我母親，她在我們畢業前就去世了。她心臟病發作。」吉兒不加掩飾地說。

「她很瘦。」傑克補充說。

「她不吃東西，她向來不吃東西。泰德也是。」突然，我注意到傑克有多瘦。他看起來瘦得可怕。

他們離開後，我想到我一直以來遺漏了什麼，但情況似乎更加棘手。我突然意識到他們是多麼脆弱，如果傑克和吉兒開始敞開心扉，他們一成不變的情況可能會變得相當不穩定，甚至是危險的。

在這之後，我內心也有所變化，我不再感到沮喪，並對他們抱以深深的關切。也許他們也感受到我的關心，所以在晤談中更大方地談論起自己。我得知瓊安也曾多次試圖自殺；我也得知吉兒父親去世之前，患有路易氏體失智症，出現了鮮明、精神病性的幻覺。但醫生沒有發現他是失智症，反倒將他送進了精神病醫院，與她母親同一家。當我對她的家庭了解得越多，就越能理解她為什麼會與傑克一起「躲進森林裡」。

幾個星期過去了，很顯然瓊安在他們之間造成了問題。她需要很多的照顧和關注，這破壞了他們看似平穩、不受干擾的表面生活。他們曾經吞吞吐吐地說著鄰居和建管單位帶來的麻煩，現在卻不停地談論瓊安。我聽說她把廚房弄得一團糟；她在晚上四處遊蕩，打開所有的燈；這讓我有種感覺，就是雖然瓊安給他們造成了麻煩，但這也是他們彼此聯繫的一種方式。我將這個想法說了出來。同樣地，這也是在他們關係之外的問題，所以他們可以愜意地聯合起來對付共同敵人，例如建管單位，或者現在看來起是瓊安。

然而，他們之間開始暫時表現出一個微小但重要的差異。有好一段時間，他們一直在談論傑克製作一件作品需要多少時間。那座雕塑似乎是由數千個玻璃碎片組成的複雜馬賽克，但傑克的壓力越來越大，覺得永遠無法按時完成。在第五次聽到這個問題後，我問他們是否曾想過找人幫忙？我知道許多藝術家都有工作室助理。

傑克堅持說：「除了我們之外，我們不允許任何人進入工作室。」

我想過，這個工作室似乎是他們關係的縮影，是一種與世隔絕的方式，就像一個隱居處。

「為什麼不找人幫忙呢？」我問道。我覺得他們需要被挑戰，對於瓊安的錯誤行為他們完全口徑一致，這讓我想破壞他們的共識。

「好吧，我們就是永遠不會找人幫忙。沒有人能夠幫上忙的，我們的情況是不一樣的。」傑克氣呼呼地說話。

「也許瓊安可以幫忙。她可以擦亮玻璃，她甚至可以把玻璃貼上去。」吉兒試探性地說道。

「我不這麼認為，反正她做不來的。」傑克說道，不理會吉兒的提議。他轉向我補充說：「她很懶，她都睡到中午才下床。」他笑了起來。

「我不明白你說這話的意思。這可能對她有好處，而且對我也很有幫助。」吉兒一反常態地堅持說。

傑克聳了聳肩，然後他們開始再次談論瓊安的邋遢行為，舒緩了他們之間引發的些微爭議。

但是，這些分歧開始更加頻繁地出現。我可以看出吉兒開始找到自己的心聲，一點一點地挑戰傑克。看著我委婉地挑戰他，這對她有幫助嗎？她是否開始對自己的看法感到不那麼害怕了？

到了九月，我與傑克和吉兒進行晤談將近一年了。我剛放完暑假回來，這是假期結束後的第一次晤談。和往常一樣，我打電話到樓下櫃臺，告訴他們可以上樓了。然後老樣子，幾分鐘過去了，他們還沒出現。我站在門口，望著長廊另一端的電梯，期待他們隨時出現。電梯門打開了，一群人隨之湧出，但當中沒有傑克和吉兒。我回到辦公室，打電話給櫃臺接待員，儘管我試了幾次，但電話忙線中，所以打不通。我又一次朝走廊另一端焦急地望過去，仍然沒有任何動靜。他們人在哪兒啊？

已經超過二十分鐘了，我才聽到他們在門外的腳步聲，我從椅子上跳起來，把門拉得很開，讓他們慢吞吞地走進來。我耐心等著，雖然我對他們還在整理包包感到不耐。然後我們坐下來，專心地看著對方。

「樓下有什麼問題嗎？」我問道，「我想知道你們到哪裡去了。」

他們面帶歉意，吉兒低著頭，傑克避開了我的目光。房間裡籠罩著一股尷尬的氣氛，我感到自己渾身發熱不舒服，雖然我不明白為什麼。我問了什麼不該問的問題嗎？

吉兒抬起了頭，「很抱歉，我們讓你久等了。有時候，我們會去廁所……一起……抱一下。有時候，我想，當我們壓力很大時，我們在進來之前會在廁所裡抱一下。」然後，她看著傑克，他們都笑了，我也笑了，因為我想起其他時候，他們從候診室上來時，似乎也都花上很長的時間。「也許，今天的部分壓力是在長假之後回診所導致的嗎？」我說道。

這時安靜了一會兒，然後吉兒再度開口，「瓊安回醫院了，上週末我帶她回去了。」她看起來很沮喪，「她把傑克工作室裡的一件作品給砸了。」

我極為震驚地倒抽一口氣，然後看著傑克，他一邊嘆氣一邊慢慢開始說話。「是的，完全砸毀了。用榔頭砸的。」

這個破壞事件與傑克和吉兒無動於衷的平靜形成了對比，令人感到震驚。「發瘋的」瓊安拿著榔頭暴走，而他們只是坐在那兒，平靜地解釋說，被砸的那件作品實際上不是傑克預計展示的作品，幸好她沒有砸壞「洞穴」。

「洞穴？」我問道。

「哦，那就是瓊安在幫忙的作品，它真的很大，是一件很重要的作品。如果她拿榔頭砸它，那將是一場徹底的災難！」

他們開始談論這件作品——它有多複雜精密，以及他們多麼希望能把它賣出去。這件作品似乎是一種倒插的鑲嵌藝術，有一大部分是隱而不見的。他們不停地談論用了多少塊玻璃，以及傑克的藝術經紀人認為它可以賣多少錢。起初，我很專心聽他們的談話，但後來我想起了瓊安和這個令人震驚的暴力行為。

「聽你們在談這件雕塑作品的時候，我想到你們也都會藏起來，會退縮到有點像洞穴的地方，然後遠離痛苦的事情。你們剛才告訴了我一件可怕的暴力事件，但你們很難真正去面對這種事。還有一點就是，你們是不是一想到來這裡得和我談起這個問題，才會在治療前一起退縮到有點像『廁所洞穴』的地方？」

傑克瞪大眼睛看著我，顯然很生氣。

「我不知道我們為什麼會來見你，蘇珊娜。我今天真的不想來。我看不出有什麼意義，如果不是吉兒這麼喜歡，恐怕我再也不會來了。我真的不認為把所有事都挖掘出來有什麼用，我們需要向前看，而不是向後看。我現在必須專注於展覽，而不是瓊安或是這場……談話。」

我從沒看過傑克如此暴怒，也從沒聽過他如此直言不諱，而現在，他第一次說出了他的想法，感覺像極大的解脫。

「別那麼粗魯，傑克！」吉兒插話說，「蘇珊娜只是想幫我們。我受夠了你對我們的治療非常負面。」

「我不認為這有什麼幫助。要不是蘇珊娜建議，瓊安根本就不會走進工作室。整件事情真的都被打亂了，所有事都得延期，而且你從此就非常緊張焦慮。

這對我們哪裡有幫助？」傑克總結道，他的臉漲得通紅，氣到聲音都在顫抖。

彷彿某個水壩潰堤，他露出赤裸和暴力的內裡，這股壓抑了很久的憤怒此刻籠罩著房間。我試圖談論這些感覺是多麼可怕，以及他們是多麼想避免這些感覺，但我沒有成功。這次的晤談不歡而散，他們離開時都沒有正眼看我。

我很擔心這件事，但隔週我收到他們的通知，說他們很抱歉，今天不能來了，那一刻我並不感到驚訝。他們從未取消過晤談，我擔憂他們被衝突嚇壞了，以至於現在要終止治療。我獨自坐在諮商室裡，一邊咬著原子筆，一邊草擬一封信，說我期待下週見到他們。但到了下週，我等了一小時，他們還是沒來。我跟辦公室確認，他們打過電話了嗎？沒有，他們沒打電話來。我又草擬了一封信，承認上次晤談有多麼不好受，並提醒他們，下週我會等著他們。我知道，如果他們再不來，我可能就得結案了，這將給我的培訓帶來麻煩，讓我覺得自己失敗了，還讓傑克和吉兒失望。同組的實習心理師安慰我，主管也對我說，如果改變威脅到伴侶之間的關係，他們會強烈地避免改變。

到了下週，我不抱任何期望，因為他們一直沒跟我聯繫，我確信他們不會來了。後來下午三點整的時候，電話響了，接待員告訴我傑克和吉兒正要上來，這讓我非常驚訝。幾秒鐘後，我聽到他們沿著走廊走來，我打開門讓他們進來。

「蘇珊娜，上週的事我們真的很抱歉，」吉兒坐下時匆忙地說道，「我們應該保持聯繫的，但我們碰到非常棘手的情況。」她向傑克點了點頭，我順著她的目光看向傑克的手，他的手用一個相當大的繃帶包紮起來。

傑克看著我，他的目光中有些羞愧和尷尬。

「怎麼了？」我輕輕地問。

「你來說。」傑克請吉兒幫忙。我看著吉兒，她看上去又乾癟又蒼老，彷彿所有的生命都被吸走了。

「他用尖鑿刺傷了自己。他很……很……沮喪，然後他走進工作室，嗯，呃……就弄傷了自己。」

接著一陣安靜。

「他住進醫院，昨天剛出院……」她說話的聲音越來越小，幾乎聽不到。

我花了一段時間，慢慢聽他們說著，當天不得不叫救護車，而且在醫院裡，傑克變得非常沮喪，嚴重到被送進精神病房。我說，看到傑克那種模樣，對傑克自己和吉兒而言，一定很可怕，因為他總是那麼寡言和克制。

對於我的評論，他們的反應是一語不發。傑克低著頭，盯著自己的手，吉兒期待地看著他。

「這不是第一次了，蘇珊娜。我以前見過他這樣，他以前也這麼做過。」吉兒尷尬地說，彷彿向我坦白了什麼祕密。

我轉向傑克，他還會說更多的事情嗎？

「那時我們還是學生，就在期末考的時候，也就是我們的畢業展之前，我驚慌失措。」

「你割了手腕，」吉兒插話了，挑戰傑克要他說得更具體。

「對，」傑克不情願地點點頭，「對，我割腕了。我想我要失敗了。」

房間裡的氣氛讓人覺得非常刺激，好像吉兒在羞辱他，剝奪了傑克的每一絲尊嚴。我能感覺到他們之間的羞愧感和悲傷，我覺得我必須找到方法來幫助傑克談論他自己。但當時說話的不是傑克，而是吉兒，她告訴我他們與精神科醫師交談的情況，以及關於藥物治療的討論和他們下週必須回診的事情。我注意到，吉兒在說話的時候，就像在安撫傑克。她說得好像是她刺傷了自己一樣，是他們兩個人下週二都要去看醫生一樣。我全神貫注於這種安慰人的談話中，而傑克則保持沉默，禁錮在他的感受裡。坦白誠實的時刻已經消失，我們又回到了之前他們封閉起一切的狀態。每一種感受都要被安撫，我說的每一句話或試圖探索的每一個細節都遭到了抵抗和微笑回應。

我的心思已經飄走，我對幫助他們的無力感變得更真實了。也許我試圖去打開他們的心房根本是錯的，畢竟，挑起他們心裡的事似乎讓情況變得更糟。也許他們只是需要把事情平息下來，然後回到他們覺得安全的地方。我有什麼資格知道呢？我坐在那裡，心情沮喪，不知道該如何幫助他們，所以我什麼也沒說。我們默默地坐著，一旁吉兒撫慰的談話聲慢慢變小。

「我們一直在想，也許我們應該休息一下，暫停與你見面？」吉兒又開口了。「我想我們會去看精神科醫師一段時間……也許我們這樣做會比較好？」

「你擔心這對傑克來說會吃不消嗎？你想保護他，所以認為他不來這裡可能會更輕鬆一些？」

「對，我想是的。」

我們都看向傑克，等待他的意見。

「我們會繼續來的。吉兒，你想來，所以我們會繼續來的。」傑克說道。

「沒關係，傑克。我們可以等你感覺比較好的時候再回來，」吉兒回應道，「我們可以回來，是吧？」吉兒問道，焦急地看著我。

吉兒的大驚小怪讓人感到窒息，我感覺這種過度保護會迫使傑克更加沉默，然後我突然想到了吉兒的哥哥自殺這件事。這是吉兒如此小心翼翼地避免惹惱傑克的原因嗎？她這樣做是不是因為她始終害怕他會自殺？

「吉兒，我在想關於你哥哥的事。你說當你們第一次見面時，傑克讓你強烈地想起了哥哥。」

她點點頭，我繼續說。

「現在我注意到你似乎很想保護傑克，即使我看得出你對已發生的事有很多自己的感受。」

她又點了點頭，雖然沒那麼明顯。

「我認為，這種保護傑克的願望會如此強烈，是因為你非常擔心歷史可能會重演，你可能會像失去哥哥一樣失去傑克。」

「是這樣嗎？」傑克問道，專注地看著吉兒，「這就是你在擔心的嗎？」

吉兒微微聳了聳肩，「也許吧……也許吧。」她若有所思地說。然後她又談起了泰德，以及她對他有多麼思念。他的死完全是突如其來的，直到今天她還不明白他為什麼要自殺。她描述了他是開著廂型車衝向懸崖自殺的，就在他們長大的地方附近。事發前一天他們還一起吃午飯，他看起來好好的，跟平常一樣。然後我們都靜靜地坐著在想泰德的事，而吉兒悄悄地哭了。

「你似乎從來沒有真正理解你哥哥的過世。那麼你覺得，你能理解傑克為什麼試圖傷害自己嗎？」我問道。

「不太能理解，我不懂。我知道我應該知道的，但我就是不知道。我真的不知道。」

「如果直接問他原因，感覺會非常危險，是嗎？」

她點了點頭，期待地看著傑克，但他沉默不語，落入自己的恐懼裡。

「我真的不知道他在想什麼，蘇珊娜。我以前可以的，但是現在，我認為我不知道。」

「也許你們心裡知道，過去那種了解對方想法、感到非常接近和彼此確信的感覺已經改變了？」

「吉兒變了。」傑克直截了當地說。

「我有嗎？我沒有！我認為我沒有。我有嗎？」

「傑克，吉兒在哪些方面變了？」我問道。

「你還愛我嗎？」傑克說，現在他轉向吉兒，沒有理會我。

「我當然愛啊！我愛你！這就是你要刺傷自己的原因嗎？是嗎？我真的愛你，傑克，真的。噢！我真的愛你。」

當時我感到很失望，因為我沒能多幫到傑克和吉兒。**我懷抱著年輕治療師的熱情和理想，卻不明白伴侶只需要一點點改變，就能使生活更有意義和希望。**他們曾是一對「森林裡的小朋友」，他們的整個關係結構是為了防止黑暗和可怕的不確定性，因為這些不確定性在童年時期威脅過他們。漸漸地，他們稍微走出這種隱居的情形，面對自己和彼此身上多年來感到困擾的事。他們對彼此，甚至對我，都變得更加開放和真實。**如同所有的關係一樣，這種開放，給他們自己和他們的婚姻帶來了更大的復原力。**

傑克開始自己去看心理分析師，這不僅幫他克服恐懼，也讓吉兒覺得自己對他的責任少了一些，不用再一直確認他沒事。四年過去了，我即將離開那家診所，我們一致認為這似乎是停止伴侶治療的適當時機，我想我們本來可能會一直這樣走下去。他們的生活方式有種不受時間影響的特點，而這種特點也影響到了我。我們在一起時變得很自在，雖然他們不時向我表明，他們能夠成為不一樣的人、有不同的想法，但在他們內心深處，他們還是渴望合一。我想他們那樣才會感到最安全。

3

只有一方在付出的不對等關係

克里斯多夫一直在親吻青蛙

朱利安和克里斯多夫是一對同性伴侶，
他們在是否成為父母這件事上無法取得共識。
問題的根源似乎都指向克里斯多夫，
因為所有的感受和渴望都出自於他。

我有時會想著，人類的生理特性似乎賦予我們種種的情感，但我們能否管理好這些情感呢？多年前，我曾經反覆夢見自己在開車，但我人太嬌小了，腳踩不到踏板。就在我費力去踩剎車時，汽車衝向災難。夢境是否代表了我為無法管理自己的感受而焦慮？也許是童年遺留的不良反應，是那些早期的兒時經歷，讓情緒蔓延而無法加以控制？儘管隨著年齡的增長，我們多數人已經學會不跺腳、不在地板上打滾哀號，但愛情仍然可以引發情緒，使我們感到頭暈目眩。

對一些個案而言，當他們發現自己竟然沒意識到某些感受和願望，他們可能會感到很震驚。那些感受可能非常強烈，只是人們會找到各種壓抑感受的方式。有些人把自己的欲望昇華到運動，有些人則全神貫注在工作、電玩或扣人心弦的小說。有時，壓抑的情緒會透過肢體表達出來，以頭痛、背痛或神祕的胃痛等形式呈現。當然，我們也有一些不太健康的途徑來壓抑和管理情緒，像是用酒精或毒品來麻痺自己。

然而，還有一種管理感受的方式很少為人所知，也普遍不被人理解，在心理分析理論中，這種方式被稱為「投射」。投射是一種心理過程，我們把自己拒絕或不承認的東西歸於他人。舉一個典型和常見的例子，是我們多數人有時也會使用的投射方式，就是當我們對某種感覺感到羞恥，例如貪婪或爭強好鬥，我們就會透過在其他人身上找出這種特質來擺脫這種羞恥。

投射也有助於解釋無法解釋的事情，例如人類是如何及為何能腐敗到對別人進行大規模的仇恨和種族滅絕。不幸地，我們看到許多情況是一個群體將另一個群體妖魔化，認為他們有醜陋的特質，像是不誠實或貪婪，然後以這些特質為由，用仇恨、甚至是殺人滅口的方式攻擊他們。這麼做以後，一個群體就能是「純正」的，而另一個群體則充滿了所有被謾罵的特質。

投射，是我在諮商中經常看到的情況，當然程度沒那麼戲劇化。有一位個案來找我，因為他苦於精神委靡和憂鬱，在晤談一開始就告訴我，他在週末責備他十幾歲的兒子，罵他整個週末都在打電動和滑手機。個案抱怨說，他買了一把吉他給兒子並繳了學費，但他從來沒練習過，也沒有決心努力學習或做任何有用的事。沒過多久我們就明白，他之所以對兒子大吼大叫，是因為那些行為就是他對自己感到最焦慮的事——在工作上難以拿出成效和表現出積極主動。他開始治療是因為他覺得自己很失敗，而且在他的一生中，他都無法實現自己的承諾。我們一起逐漸了解到，他一直指責兒子懶惰和沒有目標，其實是在讓自己與這些感覺保持距離。當他意識到這一點時，他對兒子的挫折感減少了，他們的關係也隨之改善。

還有一種更具體的投射，通常發生在親密伴侶之間，稱為「投射性認同」（Projective Identification）。當我們把自己不喜歡的特質投射到伴侶身上時，就會出現這種過程，而對方通常會默默地、甚至沒意識到這種投射，就會做出我們投射出的相應行為。舉例來說，如果在我們成長的家庭中，脆弱被視為羞恥和軟弱，我們就可能透過將弱點投射到伴侶身上來擺脫這種羞恥，然後就把他們當作很脆弱的人來對待。奇妙的是，如果伴侶對他們的脆弱不以為意或不覺得羞愧（也許在他們成長的家庭中，是允許偶爾可以依賴別人的），久而久之我們可能會慢慢發現，自己不再那麼擔心顯得很軟弱。我們從伴侶那裡體認到，那些我們感到羞愧的特質，實際上不如想像中的那麼糟糕。這樣一來，我們就能開始了解和喜歡自己的某些部分，而這些是我們以前百般抗拒的。當然，這也會激發心理上的成長和發展，這是人際關係裡極富創造力的部分；我們能在充滿愛的伴侶關係中學習，進而在情感上更趨成熟。

有時，投射的特質會被一方「持有」多年。舉例來說，有一方（通常是女性）會特別焦慮，而另一方（通常是男性）則毫無感覺。也許是女性更能接受焦慮的感覺，而男性則偏好從容不迫、堅忍不拔和冷靜的自我形象？女性擔心孩子、臥室的霉斑和她母親的身體狀況，男性則顯然不太在意。伴侶通常會以這種方式來劃分感受，導致某一方就背負了所有難受的感覺。然而，我多年伴侶治療師的從業經驗告訴我，儘管看似只有一方感受到最大的憂慮，但實際上雙方都感受得到，與表面情況是不一樣的。

朱利安和克里斯多夫在一起十多年了。他們在第一次晤談時顯得很有魅力，並告訴我他們需要幫助，因為在是否成為父母這件事上，他們無法取得共識。

克里斯多夫穿著亮麗的衣服，但對他來說，這些衣服顯得過於年輕。他已經四十多歲了，身體非常健壯，但他看起來憔悴不堪，皮膚上有皺紋，好像曬了過量的太陽。他三不五時就會微笑或大笑，面露喜色，會突然看起來像個小男孩。這種男孩特質引發了我心中的母性，使人聯想到他需要很多的愛和關懷。

朱利安雖然比克里斯多夫還小八歲，卻顯得更加嚴肅和拘謹，他的臉上沒有皺紋，也毫無表情。他總是穿著深藍色的西裝，踩著光亮的雕花皮鞋前來晤談，除非你問他問題，不然他很少開口說話。

在頭幾次的晤談中，他們證實了問題的根源似乎是克里斯多夫，因為所有的感受和渴望都出自於他。他是希望兩人有孩子的人、想要有更多性生活的人、想要去度假的人，以及想要有新沙發的人。無論他們討論什麼，成為父母還是搬到新家，都是由克里斯多夫決定，朱利安要麼不服從，要麼就消極地抗拒，彷彿他沒有自己的願望和念頭，還拚命地想把自己隱藏起來。

朱利安這種態度，相處起來會讓人感到很洩氣。當我向克里斯多夫提出我對他們關係的想法和理解時，他會熱切地聆聽，彷彿要吸收我說的話；或者有時候他會重整我的想法，變成他自己的觀點，雖然起初可能是他不同意我，但這樣的回應往往開啟了有趣和創意的交流。總之，他似乎願意讓我來幫助他。

朱利安的反應則完全不同。當我向他提供一些理解、希望能觸及他內心深處時，他似乎讓我的話順著他的胸口溜下來，然後離開他的身體。並非強烈拒絕我的想法，他只是沒參與其中，這樣很惱人。我試圖接近朱利安，但他絲毫不為所動。儘管他總是彬彬有禮、認真聆聽，但他對他們的問題根本毫無情感上的領悟或意見；相對地，克里斯多夫則擁有所有的領悟和意見。朱利安會說他沒事、一切都還行，他們似乎都接受克里斯多夫是那個不滿、焦慮和需求很多的人。通常，我會花一整節的晤談時間聽克里斯多夫抱怨，聽他以相當絕望的方式懇求朱利安。朱利安的態度雖然不會過於強硬，卻只是坐著沉默不語，幾乎無動於衷。

過往的經驗告訴我，這種看似如此兩極化的情況，幾乎肯定是兩人共同的問題。他們以這種方式塑造他們的關係，但根本的原因可能是什麼？有很長一段時間我實在無法理解，是什麼原因強大到可以讓他們在一起？同時，我對朱利安很感興趣，這個人在晤談上看起來如此順從卻又如此空虛，然後竟然事業有成。他在二十多歲時成立了一家科技公司，現在僱用了將近一百名員工。我很難想像，這個眼前坐在灰色沙發上無趣呆板的人，是如何有勇氣和衝勁創建出如此成功的企業。我開始注意到，每當我們談論他的工作時（儘管只是偶爾），他就會變得更加活潑。我不只一次地評論說，朱利安的全部熱情和野心似乎都寄託在工作上，而克里斯多夫則對這段關係懷抱熱情和野心。

有趣的是，當朱利安談到他的工作時，克里斯多夫會變得悶悶不樂、一聲不吭。但隨後會像往常一樣，話題又回到克里斯多夫的匱乏感和渴望。他們的關係似乎沒有出現什麼變化，這也開始讓我和克里斯多夫一樣感到沮喪。

在心理分析治療中，治療的「進展」是一個複雜的問題。以認知行為療法來說，目標通常是所謂的「症狀減少」，例如患有憂鬱症的個案一旦擺脫憂鬱症，治療就算完成了。在其他的治療中，個案與治療師之間也會討論並商定治療的「目標」，並安排一定次數的晤談來實現這些目標。但心理分析治療完全不是這樣的，這就是它會遭到有些人詬病的原因。然而以這種方式輔導之所以令人感到欣喜，就在於你會體驗到某些事情逐漸明朗，並建立起優質的情感連結，最終「感覺」和「理解」之間的巨大峽谷偶爾順利彌合的過程。當感覺和思考結合在一起時，可以幫助我們在自己的立場上站穩，並且擁有一種完整的感覺。很多來見我的人內心都感到十分恐懼，即便他們不一定自覺到這一點。**去理解、正視自己的恐懼，並認識到這種恐懼的根源，是對人生的一種肯定和拓展。這麼做使我們更接近自己的情感真相，促進了心理成長。**

不過，伴侶治療與個人心理分析治療有些不同，因為伴侶往往帶著更具體的目標而來。他們想停止爭吵，他們想要有性生活，他們想就居住地點或如何管教孩子達成共識。他們來是希望藉由諮商，讓他們感到更快樂或更滿足；或者是因為他們拿不定主意，不確定要繼續在一起還是分手。他們可能會學到很多關於自己的事情（有時比個人治療來得更多），但通常他們還是想要解決某件事，然後就結束治療，關上房門。

而身為治療師，我想要什麼呢？我被訓練成對這一切不會想太多。威爾佛雷德・比昂（Wilfred Bion）這位具有影響力的英國心理分析師，告誡心理分析師不要有「念頭」。分析師的工作不是為個案或一次晤談取得特定的結果，他說分析師的工作只是為了充分用心去感受個案，而不是懷抱一整套預設的想法或期望。為了揭開一個人的真相，心理分析師必須完全地投入，而不需要各種先備經驗或知識的包袱。比昂在〈記憶與渴望的說明〉（Notes on Memory and Desire）一文中提到：「心理分析師應力求實現一種心態，即在每次晤談中都覺得自己從沒見過這位個案。」

這種思考方式幫助我（一個沒有耐心的人）變得更有耐心。我也很清楚，個案的進展要慢慢來，雖然會藉由我的在場、關注和好奇心促進個案的情緒成長，但這是我強求不來的。

然而，儘管有這樣的訓練，我承認我對這個案子感到非常惱火。我發現克里斯多夫比朱利安更好溝通，但隨著好幾個月過去，他一直抱怨的情形並沒有改變，我也開始對他感到洩氣。

在他們接受治療的第十四個月時，發生了某件事。朱利安和克里斯多夫每週固定的治療時間是星期四晚上的第二節，他們通常是我每週最後的個案，但這當然完全沒有減輕我的挫折感。在某個週二晚上的六點半，我剛收拾好東西要下班，對講機就響了，這讓我很納悶，因為我沒有任何預約。

我拿起話筒，聽到克里斯多夫愉快的聲音，就像他平時那樣：「嗨，我是克里斯多夫，我們到了喔！」

有那麼一刻，我滿頭霧水。今天是星期幾？幾點了？我對著話筒這麼大聲說了。我能聽到話筒另一頭倒抽一口氣，然後克里斯多夫對朱利安說：「我們來錯日子了。」

「噢，親愛的，是啊，我想你們搞錯了。」我回答。

我們很快就結束了對講機上的奇怪對話，他們緊張地笑著說，星期四再來見我。我在諮商室等了一會兒，讓他們有時間先離開，然後我才回家，並且思考這個事態的變化。

兩天後的星期四，我有點期待朱利安和克里斯多夫的到來。我想像朱利安會對這個錯誤感到羞愧，但我也懷疑他是否會表現出來；而克里斯多夫則會誇張地表達他對這件事的「難堪」。

結果，他們讓我等了很久，我想著也許他們不會來了。但就在遲到十二分鐘後，對講機響了，他們匆忙地進入我的諮商室。

「噢，我的天哪，」克里斯多夫氣喘吁吁地說，「我們真是白痴！」他接著解釋說，朱利安週二那天下午發簡訊給他，要在約翰路易斯百貨公司外面和他碰面——這是他們一起走到我辦公室前集合的老地方。那天克里斯多夫沒上班，他從家裡出門後坐上了地鐵去和朱利安見面，沒想到他們記錯了日子。克里斯多夫以劇烈的狂笑和誇張的舉動陳述這些事。然而漸漸地，隨著他不斷地製造噱頭，他開始指責和羞辱朱利安。

「其實呢……朱利安等不及要來見你，蘇珊娜。他每週都會問我，星期四是否會來看你，他都已經在行事曆上寫好了！我不明白為什麼，但他一直提到你！對不對，親愛的？」他不以為然地笑著說。

你可以想像，我對這個消息感到非常驚訝。朱利安每週都面無表情地坐著，完全沒表示出對治療有任何投入，當然也沒有表示出對我的投入。他的一切舉止都讓我覺得他是為了配合才來的，並不是很有熱忱。我也想不透克里斯多夫會以這種方式揭露朱利安，因為這樣相當狠心。這讓我想知道，那一刻他是想發洩「出」什麼樣的感受，然後打「入」朱利安的內心。是丟臉的感覺嗎？依賴別人的感覺？還是羞愧的感覺？

我說：「也許你們兩個都覺得提前兩天跑來，有點丟臉嗎？犯這種錯誤讓你們覺得很丟人？還是這讓你們覺得暴露出你們對我，以及來這裡的依戀，然後讓你們顯得相當脆弱？」

他們看起來都很認真，並點了點頭，慢慢地，他們開始說這些晤談是多麼重要，他們多麼期待這些會面。

「要不是有和你見面，我們已經不會在一起了，」朱利安說，然後一反常態地補充說：「克里斯多夫現在就會離開我了。」

他們之間陷入一陣沉默，克里斯多夫看起來很困惑，接著開始抱怨起來，他說：「我不懂你為什麼認為我會離開你……更有可能的是你會離開我才對。」

我對這個新的發展很感興趣，現在似乎更清楚了，他們都在擔心對方會結束這段關係。克里斯多夫以前確實表示過這種擔憂，但朱利安沒有。是不是出現了什麼變化？

接著幾個星期，每次晤談他們變得越來越敞開心房。以前我們似乎是在相同的問題上打轉，現在則展開了新的討論途徑。就在復活節假期前，一見面我就提醒他們，我要休假兩週。他們兩人看起來都悶悶不樂的，點了點頭，朱利安也用有條不紊的方式，拍拍他的手機說：「好的，記在行事曆裡了。」然後他們兩人好一段時間都沒有說話。

我說：「在這個時候中斷晤談，讓你們覺得有點煩惱嗎？」

克里斯多夫沒有理會我的評語，直接對朱利安說：「我想我們需要和蘇珊娜談談，你在星期六所說的話。」

朱利安一副坐立難安的樣子，瞪著克里斯多夫，「隨你便，」他回答說。這時，克里斯多夫開始重述他們的談話。他們在週末認真討論了分手的問題，因為朱利安決定不進行任何關於生養小孩的計畫，永遠都不要。他不想讓兩人之間的事情發生變化，他認為克里斯多夫無法應付養小孩的辛苦工作、無法完成整個過程，像是必須尋找代理孕母或領養小孩的程序。朱利安不打算這麼做，現在不要也永遠不要。停頓了一會兒後，克里斯多夫最後說：「如果小孩不在討論範圍內，我就告訴他，那我們真的走不下去了。我們想要的東西不同，沒有未來可言。」

房間裡籠罩著悲觀沉重的氣氛。朱利安坐得筆直，盯著遠處，避開我和克里斯多夫的目光，他的手臂交叉，聳著肩，眼神在我和他的伴侶之間來回掃視。

在接下來的晤談中，我試著讓他們多去接觸他們感到悲傷的事。我談到這種情況對他們有多麼嚴重，並試圖探討這種似乎無法彌合的分歧帶給他們的感覺，但他們沒有真正回應，也沒有走出憤怒的泡泡。我感到很震驚，他們會這樣草率地分手嗎？他們的關係在此之前感覺都非常堅定，突然間卻變得岌岌可危。

這種不確定感往往伴隨著變化。有些伴侶能夠穩定向前邁進，有些伴侶則完全沒有進展，但在持續變化的過程中，往往存在著某種危險。這種危險可能會導致分手，甚至是情緒崩潰。打開天窗說亮話、接觸雙方長期壓制下的感覺可能很危險，治療師得在這段不穩定和轉變期間小心地「托住」個案。克里斯多夫和朱利安是要分手，還是要突破？

我說了一些籠統的話，談到伴侶之間做出最具傷害感情的事情之一，就是揚言要結束關係，這些威脅會加劇人們對拋棄的憂慮，並且會破壞基本的承諾和信任感。我懷疑他們是否真的了解到，這是一個多麼重大的變化，所以我提議在他們決定之前，我們可以在下週多討論一下這個問題。他們都同意了。

三天後，我收到朱利安的簡訊，他告訴我克里斯多夫已經搬出去了，並要求盡快安排晤談。朱利安提出這樣的要求似乎是一種突破，我同意隔天見他。當他走進房間時，我想他看起來是多麼受到驚嚇。他坐在沙發上，僵硬地挺直身體，清澈的眼睛睜得大大的，像機器人般地敘述克里斯多夫離開前的事。

「克里斯多夫在他妹妹法蘭馨的家……」他的聲音逐漸變小，我們沉默不語地坐著，最後我請他告訴我更多關於上次諮商後發生的事。他費盡心思地解釋說，克里斯多夫很生他的氣，還說他意識到他一直在浪費自己的時間。朱利安對此聳了聳肩，等著我問更多的問題，他似乎像往常一樣無動於衷，儘管他好像剛失去了他的伴侶。

「你非常確定不想要有小孩嗎？」我問道。

一如過往，我提出了一個問題並使他感到不安。「我不知道，並沒有很確定，我只是覺得事情不會真的發生，我覺得希望真的太過渺茫，真的。我看不出我們能夠完成所有事情。而且老實說，我不認為克里斯多夫應付得了，我只是不認為我們有足夠的能力去做這樣的事。我們怎麼能同時討論分手和養小孩的問題呢？對我來說，這很荒謬。」

在他結結巴巴說話的時候，我突然想到，這些混亂的感覺可能與他們是同性伴侶有關，我思考著能否找到辦法與他探討這個問題。

「朱利安，你認為你和克里斯多夫會是好父母嗎？」我試探地問道。

朱利安回答說：「老實說，我們不確定我們會是好父母。」

「很多事情，我不確定我們兩人之中有人……適合當父母。」

「為什麼不會是呢？」

「適合？因為你們是同性戀嗎？」

朱利安聳了聳肩，看起來不知道該怎麼回答，「也許吧。」

「你心裡有一部分認為，同性伴侶不能組成家庭嗎？不能成為好父母嗎？」

「我的父母肯定不這麼認為，」朱利安突然激動了起來說，「他們會……很害怕。」

朱利安接著開始談起他的家人，以及他們會多麼反對。他們幾乎不能直視他和克里斯多夫的眼睛，他無法想像如果他有一個孩子，他們會怎麼做。

「克里斯多夫根本不了解我的家人。他的姊妹和媽媽與我家人實在太不一樣了，他的家人不會……」

「恐同？」我補充道。

「是的，我想是的，」朱利安用平淡的聲音說，「克里斯多夫根本不知道事情很複雜，他只想要他想要的東西，當我不能全給的時候，他就會很沮喪。」

「你正在描述克里斯多夫的憤怒和沮喪，但我注意到你簡直無動於衷。」我評論說。他認真地望著我許久，彷彿像小孩一樣，試圖贏得一場互相對視的比賽。「朱利安，我想知道你的感受出了什麼問題？儘管克里斯多夫離開了，你似乎沒感到任何憤怒或悲傷。」

在那一刻，他似乎放棄了。他垂下頭，開始哭泣。我一股同情湧上心頭，這是朱利安很少在我身上產生的感覺。我跟他說，他總算發現讓自己悲傷是多麼困難了。突然，他停止哭泣，帶著怨恨和憤怒說：「他媽的，哭有什麼意義？又不會讓他回來。」

「可能會，」我說，「我想克里斯多夫看到你這麼痛苦，會感到震驚。我想你以前從未對他，或對我表現過這種情感吧？」

他點點頭，開始斷斷續續地談到，他是多麼在意克里斯多夫，但他真的很討厭這種感覺。他覺得克里斯多夫好像把他困進什麼事情裡，而且總是想把他進一步拴住。

「我想知道，你覺得這個陷阱是什麼？」我說，「也許你認為，一旦承認你想要他、想和他共度人生，你就會擔心哪天他會把你甩了？所以，如果你告訴自己，你真的不在乎他，你就能保持一種不會受到傷害的幻想？我確實想知道，朱利安，你童年時發生了什麼事，使你很難表現出你需要人。」

我等著，並看著朱利安，希望他現在能敞開心扉說說他的童年。他對我說得太少了，而且都講中立的事實陳述，導致我對他的家人仍然沒有真正的印象。如果他和克里斯多夫之間的情況要發生變化，就必須解開某種心結。我們必須更深入地了解，他為什麼害怕把情感表現出來，以及為什麼連結上他的需求對他來說是如此困難。

朱利安看起來若有所思。「你知道我七歲時就去寄宿學校了嗎？」

「七歲？不知道，我不知道你這麼小就去了。我以為你是比較大以後才去的。那你知道他們為什麼在你這麼小的時候就送你去嗎？」

他搖搖頭，「我不記得，但我的母親，你知道嗎？並不是很慈愛。她總是說我很黏人，我覺得她無法忍受這種事。」

我注意到他用了「這種事」一詞，但我想知道這個詞是否等同「我」。

朱利安告訴我，他記得他母親總是承諾，如果他自己上床睡覺，就會上樓來親吻他並道晚安。他坐在樓梯上等著等著，有時等不下去了，就下樓去看她，然後他的父親會嘲笑他，把他帶回樓上，接著打他的屁股，因為他下床了。

我想像他是個小男孩，非常想要他的母親。我感覺淚水浸濕了我的眼眶。他的父母怎麼能如此殘酷地忽視他？他的父親怎麼能因為他想得到關注就嘲笑他呢？但是，即便我已經激動難耐了，朱利安卻冷冷地說著這個故事，彷彿那是別人的。

「朱利安，你似乎無法連結上你描述的那個小男孩。彷彿你已經與自己的某個部分失去了連結，好像你被凍結了。我認為你避免感受到一些事情，因為想要、渴望和需要克里斯多夫實在太危險了。你對他有熱烈、充滿愛的感覺，但不知怎麼地……你會覺得可恥。」

他接著談到了童年時受到的一些羞辱，但也許最能透露真相的是，每當他父親打他的屁股——這種事經常發生——他就會尿褲子，然後他的父親就會更加憤怒，說他很可悲、令人厭惡。

隨著諮商的進行，朱利安開始把他無法向克里斯多夫表達情感與這些童年經歷連結起來。他說自己知道的是，他從來不想依賴任何人。

朱利安一離開後，我就寫了一封電子郵件給他們兩人，說我很抱歉，事情變得如此難以解決，並讓克里斯多夫知道我單獨見過朱利安，同時鼓勵他們星期四一起前來。我感到很抱歉，我沒有幫助他們處理好這次的危機，但是朱利安和克里斯多夫長期以來一直卡在同樣的狀況，現在一個極大的變化可能正要開始了。無論這種變化會使他們的關係成功或失敗，我們只能靜待結果。

接下來那一週我十分忙錄，要寫一篇書評，而且在平時的諮商工作外，還有一連串的會議。我三不五時會想到朱利安和克里斯多夫，但當星期四晚上逼近時，我仍然不確定他們是否會來。到了晚上六點半，失望透頂的感覺像波濤一樣襲捲而來，我想著這項諮商工作就這樣結束了嗎？我覺得被他們拋棄而感到困惑。這對看起來如此相愛的伴侶，會設法把事情解決好嗎？

隨著時間一分一秒過去，我開始失去希望。我看了手機，沒有消息。我打算寫一封電子郵件，才剛寫下「親愛的朱利安和克里斯多夫」，對講機就響了。

與他們的諮商過程中，這是第一次朱利安臉色蒼白，但他很警覺地第一個走入諮商室。克里斯多夫在他身後，不像平常會蹦蹦跳跳的，他相當不情願地慢吞吞走進來，低著頭，好像走進校長的辦公室一樣。朱利安一反常態，先為遲到表示道歉，然後開始敘述最近的發展狀況。

「嗯，我按你說的做了。昨晚我們見了面，我告訴克里斯多夫，我有多在意他，我希望這麼做有用，就像你說的那樣。」

我無法不去注意到，朱利安的說法沒有完全展現出自己的願望——挽回克里斯多夫的心——反而表達得像在暗示，他就像一名聽話的小男生，只是在遵循我的命令罷了。朱利安講完他簡短的報告後，就像往常一樣一聲不吭了，等著其他人來接話。

克里斯多夫無動於衷，他似乎有些煩躁，所以我評論說他似乎不願意來這裡。他回答說，他承認會來的唯一原因是，他知道我一直在努力幫助他們，所以不想讓我失望。

這種氣氛感覺毫無希望，我覺得自己陷入了思緒，因為我們大家都籠罩在沮喪的沉默中。過了一會兒，我抬起頭，看到朱利安臉上苦悶的表情，他的額頭上有汗珠，他焦急地瞄著克里斯多夫，而克里斯多夫盯著地板，面無表情。我和他目光相交，但他沒有對我的表情做出回應，而是轉向了克里斯多夫。

「拜託你回來吧，克里斯多夫。你為什麼一定要離開呢？蘇珊娜覺得你不需要這麼做。」

克里斯多夫仍然無動於衷，說話時帶著濃濃的諷刺意味，「好吧，讓我為你一一說明。我們要分手，因為你不想要小孩、你不想要性生活、你不想搬家、你不想去度假；你從來也不想討論任何事情！」

朱利安開始流淚了。「克里斯多夫，你似乎很確信情況如此，」我說出觀察到的情形，「但我認為朱利安是想告訴你其他的事。」

朱利安打斷我的話，說道：「並不是我不想要這些事情，我不是不愛你。我真的很愛你。我只是不知道我們是否可以處理好整個過程……完成到最後……而且即使這樣，你最後也不會離開我。」

克里斯多夫不以為然地聳聳肩膀。

「我只是不確定你會不會離開，」朱利安重複說道，「如果事情不順利怎麼辦？照顧寶寶很辛苦的。我不知道我們是否有那麼多的，你知道……精力啊！」

「你在說什麼？我有精力啊！我一直都在付出，瞧我對你有多大的耐心，我應付你和瞎忙你的事有多久了。」

「但是我剛剛說了我有多愛你。」

「因為蘇珊娜叫你要這麼做的。」

「不是，我是認真的。我只是害怕我們有了小孩後，是否還能繼續走下去。這是一個非常龐大的責任。而且在經濟上，這一切都要由我來承擔。我很害怕，我可能無法做到像你想的那樣來照顧小孩。」他停頓了一下，「而且你可能無法應付孩子的需求。」

我問朱利安，他缺乏自信是否與小時候的感受有關，因為那時他的母親受不了他很黏人。或許，這使他擔心克里斯多夫可能無法承受孩子的需求？

現場一片寂靜。我認為朱利安沒把我的話聽進去，但我認為克里斯多夫聽到了。朱利安向克里斯多夫伸出手，簡單做出期盼的手勢。我看著他的手懸在半空中，意在不言中地要求克里斯多夫能夠握住，但他沒有。朱利安緩緩地收回了手，開始哭泣，但克里斯多夫仍然不為所動。

「克里斯多夫，這是相當大的轉折，對嗎？」我評論道，「你內心所有對依賴的渴望，現在都換成了朱利安在渴望，但不知怎麼地，你卻無法回應。我想知道為什麼你覺得這樣做很困難？這不就是你一直想要的——讓朱利安向你表明他是多麼愛你、多麼想要你嗎？」

我等著克里斯多夫說些什麼，但他仍然一言不發地坐在那裡，所以我繼續說。

「這讓我想起你談到你父親離開時的情況。你說你媽媽向你尋求安慰，這讓你覺得她的需求排擠了你的所有需求。也許你很難想像能有一種關係，是兩個人可以互相給予回應，每個人都可以在某些時候變得很依賴別人，並且表現出脆弱的一面？」

克里斯多夫對這個觀點看起來很感興趣，點了點頭。

「所以，雖然朱利安以前如此退縮的樣子有些可怕，卻同時也保護了你，使你不會感受到需求帶來的負擔，就像你曾經覺得母親帶給你的負擔那樣？」

令我驚訝的是，克里斯多夫沒有回應，朱利安卻回答說：「我一直都知道克里斯多夫很難接受我想要的事情。」

「胡說！」克里斯多夫氣炸了，「我一直都支持你。」

朱利安看著他，但克里斯多夫轉過身去，朱利安說：「你還記得我被裁員的時候嗎？當時我的情況很糟糕。」

「記得，當然了，我是那時支持你的人。」

「事實上，克里斯多夫，你太堅強了，真的很堅強，你告訴我要振作起來，還要我『拿出點男子氣概』。也許就在那時，我不再認為你真的可以關心我。」

「亂講！所以你是說，你不想要小孩或承諾都是我的錯囉？」

「克里斯多夫，我不認為朱利安是這個意思。我認為他一直在努力探索和承認自己問題的根源，但他也說你有自己要扮演的角色。對你們兩個人來說，很難真正體認到這是一個共同的問題。朱利安，當你被裁員時，在那個失望的時刻，你多希望呼求就會有人過來，但你覺得克里斯多夫無法回應你的呼求。也許是那一刻，讓你關閉了內心的一絲希望？」

「是的，」朱利安同意說，「我不再抱有期望，這樣我就不會再失望了，然後我就會覺得，『你想要東西的時候，我憑什麼要答應？』」

克里斯多夫抬起頭，看了朱利安一眼，我感到事情變得更有希望了。我知道這次晤談即將到此結束，但我迫切想要說點什麼，讓他們可以堅持到下一週。

「你們誰都無法完全滿足對方的願望，但你們的關係存在於你們的嘗試。這些連結和回應對方的嘗試，有些會成功，有些不會，但正是這種堅持不懈的精

神，以及不斷地詢問和理解，才能使關係成長，而不是枯萎和死亡。」

我不知道接下來會發生什麼事，我從來無法得知，伴侶會找到一條出路，還是會越過那條神祕的線就分手了？無論這個工作我做了多久，無論我在諮商室花了多少時間，我始終無法知道，伴侶在遇到衝突的關鍵時刻，是會一起走下去還是分道揚鑣。

但是，儘管情況危急持續了好幾個星期，朱利安和克里斯多夫似乎堅持了下來。慢慢地，在雙方互相遷就的平衡中發生了重大轉變。朱利安開始認識到自己的需要和願望，他似乎不再把期望全都投射到克里斯多夫身上；克里斯多夫則越來越不害怕朱利安像他母親那樣，情緒崩潰地需要倚靠他，即便他知道要完全克服這點很難。這在他們的互動狀態中是一個巨大的變化，從投射性認同轉變為在關係中更充分地做自己。**我們稱這種發展為「收回投射」，即伴侶重新整合和「擁有」以前自己否認、然後推給伴侶的感覺。**一旦伴侶開始做出這種改變，他們就可以找到新的相處方式。對於朱利安和克里斯多夫來說，這讓他們變得更能表現脆弱的一面，從而帶來迄今為止一直在避免的親密關係。

但是，這個變化卻暴露出另一個完全不同層面的困難，一直到現在，它還像一條暗流湧動的地下河那樣——隱祕卻威力強大。雖然令人感到痛苦，但我們一起逐漸了解到，他們兩人並沒有抱持真正的信念讓他們之間的事情順利成功。事實上，他們認為同性戀的身分使他們無法擁有充滿愛的長期關係。彷彿周遭人們的恐同症和刻板印象，也同時印刻在他們的內心深處，毒害並破壞了他們的信心，讓他們無法相信可以一起創造美好和持久的事情。不過，隨著他們把這個問題暴露出來，這層恐懼就變得不那麼強烈了。雖然他們決定一年內不討論小孩這個棘手的問題，但我最後一次見到他們時，他們已經開始進行領養小孩的程序了。

4

總是愛到不對的人

長髮公主放下了她的頭髮

「為什麼，」她抱怨說，「我遇到的每個男人似乎都是同性戀或已婚了？」我們討論這段婚外情對她來說會造成相當大的危險，她前夫才剛拋棄她，我想不透她為何要冒這個風險。

那時是一月，我丈夫的生日快到了。我不知道該送他什麼，他也沒給我任何建議。我注意到他在桌上放了一張明信片，那是他在國王十字車站附近的一個小展覽上看到的版畫。顯然他很欣賞這個作品，我決定試看看能否買到原作。這幅版畫描繪一個女人在冬日裡彎著腰，牽著一匹馬，滿載而歸地走在運河曳船道上。這幅畫特別令人回味，因為我丈夫以前寫過一本書叫《水路》（*The Water Road*，暫譯），內容是關於行經英國內陸水道的旅程。巧合的是，他最近也在自學版畫，所以這張黑白圖片也呼應了他作品中的某些部分。

我花了一些時間才找到藝術家克里斯．史萊尼（Chris Slaney）的聯繫方式，我用電子郵件詢問是否可以購買作品。我告訴克里斯，我認為我丈夫喜歡這幅畫的原因，然後他問了我丈夫的名字。當我告訴他時，他立即回信，並且興奮地告訴我，他在去年讀過《水路》，這本書是激發他製作這幅版畫的靈感。我既驚訝又興奮，因為我知道我丈夫會喜歡這個故事，這會讓這份禮物變得更有意義。這件事讓我開始思考，純粹巧合和更深層無意識關聯之間的灰色地帶。

第二天，我接到一位潛在個案的詢問，他名叫傑克遜。他問我，可以緊急為他看診嗎？他感到絕望，因為他的妻子離開了他，所以他感到人生非常黑暗。他在電子郵件中說他從X先生那裡得知我的名字，是X先生推薦我的。我立刻認出了這個名字，因為X先生是一位著名的電視人物。奇怪的是，我從未見過他，也不記得有認識的人見過他。

傑克遜個子非常高，高到當他走進我在安妮女王街的辦公室時，他不得不低下頭才能進門。他很削瘦，有一張骨瘦如柴貴族般的面孔，但相當開朗而迷人。我立刻對他產生了好感，他的故事很快地引起我的同情。他告訴我，他認識他的妻子卡拉將近二十年了。他們在大學認識的，畢業後不久就結婚。儘管沒有孩子，他卻覺得他們很匹配，彼此過得非常幸福。他告訴我，卡拉覺得他們兩人的生活已經非常充實和有意義了，所以傑克遜尊重她不生小孩的意願。但現在，四十一歲的她卻突然懷了另一個男人的小孩，並且離開了他。想當然，他對這些事感到極度震驚和困惑。

傑克遜的故事並非罕見。多年來我看過幾位個案，因為遭受突如其來被揭發的真相和事件後，整個人就垮掉了。有一個女人的丈夫突然消失，拋棄了她和兩個十幾歲的孩子（後來發現他和年輕情人住在泰國）；還有一個女人的悲慘案例，是她丈夫在沒有任何預警的情況下溺斃尋死。傑克遜和這兩名個案一樣，事先對發生的事情一無所知，我可以看出他一頭霧水，並且拚命地回想過去，試圖找到他自認為忽略掉的蛛絲馬跡。

傑克遜來見我後不久，一位同事問我是否可以接下一名轉介的個案。這是他治療過的一對分手夫妻中的太太，因為她對這段關係的結束感到非常痛苦，同事想把這位女士轉介給我。她的名字叫格蕾絲，我安排在下週見她。

格蕾絲一到，我立刻被她空靈的美貌所震撼。她就像童話裡的插畫一樣，出現在我的門口。她有蜜糖般的金髮，不經意地夾了起來，豐盈的捲髮襯托出她的臉蛋，像長髮公主一樣垂落在肩膀上。她才結婚八個月，但她的美夢已經破滅。她的丈夫迪倫離開了她，還說娶了她是一個可怕的錯誤。

「他口口聲聲說他還愛我，但他想和另一名男人在一起。他說他很抱歉，因為顯然他是同性戀。九個月前，難道他不知道自己是同性戀嗎？然後現在他知道了？他還說抱歉！」

她就像傑克遜一樣，在晤談中嚴厲地責備自己。「我怎麼會不知道呢？其他人都不覺得驚訝。我的朋友說他們一直都知道，很明顯他是同性戀。我的眼睛是瞎了嗎？為什麼我看不出其他人看得出來的事？」

我對格蕾絲很有好感。她看起來很傷心、很落寞。她已經三十五歲了，她擔心自己再也遇不到其他人或無法擁有小孩，她覺得迪倫簡直剝奪了她生孩子的機會。我們談了一個小時，然後格蕾絲離開了，她同意下週同一時間來見我。接著對講機響了，提醒我下一個晤談的人到了。

傑克遜興沖沖地上了樓，當他進來時，我被他們兩人故事的相似性所震驚。兩個人都被拋棄了，而且都沒有預見事情會發生。他們不僅為自己的婚姻感到悲傷，還為失去生兒育女的機會感到羞辱和憂心忡忡。這種感覺很奇妙，又是一個巧合。

傑克遜和格蕾絲都投入了各自的療程。每週，格蕾絲離開我的辦公室後，傑克遜就會在十分鐘後進來。在將近兩小時的時間裡，我聆聽了他們的經歷和感受，並一直對這兩節晤談中故事的強烈重複程度感到震驚。我開始想，他們是否會喜歡對方，是否會在彼此的陪伴中找到慰藉。我空想著有一天他們可能會在樓梯上遇見對方，然後像電影裡一樣，不知怎麼地就結識起來。也許他們可以讓對方擁有他們都渴望的孩子？

幾個月後，倫敦又大地回春了。樹上長出了那種特別悅目的檸檬綠葉子，當我走向安妮女王街時，空氣中瀰漫著嶄新季節的氣息。上午十點左右，對講機響了，格蕾絲來了，她的頭髮放下來垂在臉旁。不知怎麼地，她的皮膚看起來更溫暖了，她身上似乎也有某種春天般的氣息。

「我一直想告訴你一件事。」她停頓了一下，「我遇到了一個人，是在二月的時候。我不知道為什麼我沒早點告訴你。老實說，我覺得有點尷尬。」她又停頓了一下。「事實上，我還沒告訴任何人。」

我快速地動腦筋，會是傑克遜嗎？她約會的人會是傑克遜嗎？我被一連串的巧合給沖昏頭，有那麼一刻我的想像力開始爆發。但隨後現實打斷了我的思緒，我想起就在上週，傑克遜不停哀嘆他很難認識到新的人，還說他不覺得有人可以吸引他，而且也無法停止幻想卡拉會回到他身邊。

「我想知道，為什麼你會覺得很尷尬呢？」我問道。

「嗯，他有點名氣，你可能聽說過他。而且他已婚了，所以……」她說話的聲音越來越小。

我等著，什麼話也沒說。

過了一會兒，她開始解釋說，她的新情人有兩個年幼的孩子。我相當不解地聽著，她告訴我，這名男子說把她拖進這種棘手的局面很抱歉。他顯然很清楚，格蕾絲還沒從與迪倫那段婚姻中復原。

「說實話，我不確定我對這一切的感受，我甚至不確定我是否真的喜歡他。當然，我對他的殷勤受寵若驚，但我對他的妻子和孩子卻感到有點難過。」

「但也許還有一絲興奮？」我問她，她點點頭。

她有點臉紅，語氣略帶傻笑，提到他似乎非常疑神疑鬼，總是害怕他們會被別人看見，害怕小報會發現他外遇。上個星期，他來她三樓的公寓看她，儘管是大白天，他卻堅持要她拉下百葉窗，以防有人拿著長鏡頭偷看。我對她說，現在這樣偷偷摸摸是否適合她？這是我內心的疑問，但她反駁說，這不是她想要的，她知道這是不對的。

我開始想，她似乎又找到了一個不能真正對她做出承諾、而且不誠實的男人，這是多麼耐人尋味。此外，她總是經歷了一些與隱瞞有關的事，首先是迪倫，他沒透露他對自己的性傾向感到困惑；再來是跟這個已婚男子在一起，對方顯然必須讓這段關係保密。我正在考慮如何開始與她探討這個問題時，她咯咯笑了起來。

「你想知道是誰嗎？我需要告訴你嗎？」

我靜靜地坐著，我確實很好奇，可是她為什麼要這樣吊我胃口？我想不透。

「是X先生。」她說道。

聽到這個出人意料的事實後，我在剩下的時間裡沒有真正說什麼話。X先生！就是把傑克遜推薦給我的那個X先生。我感到很困惑，也有點驚慌失措。在我的工作中，為了保護我的個案，保密和明確的界線是絕對必要的，而現在我覺得好像有什麼東西在破壞這些界線，就好像X先生不知怎麼地進入了我的諮商室。突然間，感覺我才是那個有祕密的人。格蕾絲離開後，我思考了這個問題。我被這種天大的巧合所震撼，格蕾絲和傑克遜兩人與我的晤談僅相隔十分鐘，卻突然透過X先生串聯了起來。由於這是一系列事件中的另一個巧合，我感到有點驚嚇。

佛洛伊德和榮格這兩位偉大的精神分析學之父，都對「巧合」非常好奇，並推測它們與超自然現象的關聯。儘管佛洛伊德有著深厚的宗教信仰背景，但對於靈界是否存在，他從未得出一個明確的結論，而且因為擔心會破壞精神分析的科學基礎，所以他從基本上迴避了整個話題。另一方面，榮格發展了一個理論框架，其中包含了神祕的元素，超越了已知和可證明的範圍。他把巧合現象稱為共時性（Synchronicity），因為個人心理與物質世界都是能量的形式，因此他把共時性描述為個人心理與物質世界之間不可或缺的神祕連結。

就我個人而言，我傾向於佛洛伊德更為理性的思考方式，並且我認為女性精神分析學先驅海倫．多伊奇（Helene Deutsch），在《治療過程、自我和女性心理學》（*The Therapeutic Process, the Self, and Female Psychology*，暫譯）一書中所提出的觀點非常適切：「神祕力量必須在心靈生活的深處尋找──心理分析注定要以同樣的方式澄清這個問題，就像它以前澄清人類心靈中的其他『神祕』事件一樣。」

例如，曾有一位個案來找我，說她的夢讓她害怕自己是惡魔。她夢見被埋葬的屍體，夢見她的牙齒變成了獠牙，夢見外星怪物從她的胸口噴出來，這讓她感到震驚。有時夢境是如此栩栩如生，這也讓我感到驚訝。但仔細分析這些夢境後就會發現，它們只是孩子氣的想像畫面，源自於她深深壓抑的童年憤怒。最終我們明白，對她來說，問題不在於憤怒，而是她的家庭要求她在很小的時候就得壓抑這種憤怒，導致她憤怒時就感到內疚和反常。現在表達這些情緒的唯一方式，就是透過她的夢境。

格蕾絲下週過來時，我不那麼震驚了。是的，確實發生了一連串奇妙的巧合，雖然倫敦是一座大城市，但根據經驗，我知道世界也可能很小，所以我把注意力集中在格蕾絲與已婚男人婚外情這件事對她有何意義，以及為什麼她對此感到很興奮。在晤談過程中，她和我談到了她與X先生之間的深厚關聯，以及儘管他們的關係似乎注定不會有好結果，但她覺得自己已經認識了他一輩子。她喋喋不休地談論著他們今晚的計畫，當我靜靜聽著時，她的情緒開始從興奮轉為反思。

「為什麼，」她抱怨說，「我遇到的每個男人似乎都是同性戀或已婚了？」

我們討論與X先生的婚外情對她來說會造成相當大的危險，尤其她前夫不久前才拋棄她，我想不透她為什麼如此輕率地冒這個風險。

事實證明，她與X先生的婚外情很快就告吹。他的工作讓他調到了國外，他們一致認為這段關係發展不下去。但我對格蕾絲和她選擇伴侶的想法開始有了進一步的探索，因為她隨後又展開了一連串的戀情，但都以突然分手告終。一開始她會相當興奮和熱情地與某人約會，但很快她就會發現對方太急切了，或者是對方會突然甩掉她。她還告訴我她嫁給迪倫之前的感情生活。在她二十多歲的時候，她一直避免與人談感情。她有過許多一夜情，但不知為何，她與這些約會對象都沒有進一步發展成感情。她的第一個正式關係是跟奧斯卡，一個年紀較大、聰明、成功的男人，是她在羅馬的一場會議上認識的。他住在哥本哈根，所以他們開啟了長達四年的遠距戀愛。然而這一切都以失敗告終，因為她發現奧斯卡已經結婚，並有一個小孩。我想知道，當時她和奧斯卡是否討論過同居問題，她告訴我他們不算真的談過。奧斯卡有時會開玩笑說，他們應該結婚，但她從來沒有認真看待這件事。不過顯然地，格蕾絲現在已經準備好要認真了。她經常談到她的年齡，以及她的朋友漸漸都與伴侶安定下來並生了小孩的情況。她瘋狂地約會，哀嘆網路交友的問題，以及她遇到的所有男人都是混蛋或無聊人士。大多數的情況下，她會毫不猶豫地拒絕他們，但偶爾她會對某人感到興奮。而我注意到，這個「某人」似乎總是有點不合適或無法付出感情。

「我都是緣分淺薄啊！」她抱怨說，「我真倒霉。」

但這與運氣無關。她很難建立一段認真的關係，也不是巧合的問題。

當然，機會和巧合在人們尋找愛情的過程中起了一定的作用，但在我看來，這些絕不是最強大的力量。「你和你的伴侶注定會相遇」，這是一個迷人、甜蜜的浪漫想法，但坦白說是相當不可能的；又或者在萬聖節，借助梳子、蘋果和蠟燭，你可以在鏡子裡看到未來丈夫朦朧的模樣，這顯然也是未經證實的傳說。然而，這些與尋找愛情有關的傳說和迷信，在所有文化中都是威力強大且歷久不衰的。我記得在我十幾歲的時候，那時公車售票員的脖子上會掛著銀色的售票機，我會緊盯著車票上的字母和數字，尋找我未來愛情生活的線索，我是多麼渴望知道我的命運。

雖然命運不會選擇我們的伴侶，但幾乎同樣神祕的事情依然在發揮作用，即我們的潛意識。我們似乎就是會受到某些人的吸引，然後結識並且一拍即合。我們似乎喜歡他們的氣味、他們走動的方式，以及他們笑的樣子。有某種東西吸引了我們，儘管那些東西確實是美麗、善良和聰明的，但那神祕的某種東西超越了已知和可見特質的範圍。

有一個精神分析的理論在談夫妻之所以會選擇對方的原因，我發現這個理論不僅令人信服，我自己的臨床經驗也證實了這一點。這個理論認為，**我們在童年時期被照顧、對待、關愛和培育的方式塑造了我們**。除了這種直接的經驗以外，我們還目睹和觀察到我們周圍的親密關係。我們看著母親和父親相愛，吸收了他們對待彼此的方式，這些影響構成了我們對親密關係最深切的感受。我們得知依賴另一個人有多麼安全，如果不安全，我們就會觀察親人並學習保護自己的方法。所有這一切都會給我們留下一個問題，這個問題只有在我們長大且開始自己的戀情時，才會真正去面對。

我們可以在學校很受歡迎，在工作中表現亮眼，在運動中極為出色，但是當我們戀愛時，從童年開始的「麻煩」就會發酵。我們發現自己被那些早期經歷與我們吻合或互補的人所吸引。我們被他們強烈地吸引著，就好像在某種程度上，我們無法運作清醒的頭腦，只是一味地認可彼此，互相感到被理解、被人懂。當然，至今神經科學家和社會科學家會強調我們墜入愛河的不同原因，他們會說是費洛蒙和荷爾蒙決定你愛上誰，他們會參考進化生物學或引用階級、社會地位或興趣的交集。雖然我確信所有的這些都是因素，但我也相信墜入愛河有一個很有說服力的部分，這之中就包括深層的潛意識。

年輕的戀人躺在床上發掘彼此的生活，然後感到不可思議地契合。從發現你們喜歡相同的顏色、閱讀同個作家的作品、喜歡同樣的電視劇這種表面的興奮，到專心傾聽這個新對象對他們的人生、希望和對家庭的感受——有些東西就是會讓你們產生共鳴。當然，吸引力也受外貌、口音、工作、社會地位等因素影響，但除了所有這些計算之外，還有我們最深處對於性交和愛情的感受。格蕾絲在愛情方面並非倒霉，她一直與令她失望的男人交往並非巧合，這些男人只是反映了她自己對承諾的不確定感，以及對於是否讓對象進入她內心的深層矛盾。

有一天早上，她神情激動地來到諮商室，我立刻注意到她臉色蒼白。

「我父親要來倫敦了。過去八年來，他一直和他的新任太太住在雪梨。自從他搬到那裡後，我就再也沒見過他。他要和他太太一起來……情況會很糟的。」

除了她父母離婚，我對她的家庭所知甚少。她似乎與母親很親近，與父親的關係則疏遠和尷尬。

「你已經很長一段時間沒見過他了，」我說道。

「他曾叫我過去看他，好幾次了。我從來都不想去。他現在回來了，顯然是因為那個女人的姊姊病了。」

「那個女人的姊姊？」我問道，「他第二任妻子的姊姊？」

「是第三任妻子，」格蕾絲糾正說。

然後她開始告訴我更多她父母離婚的事，當時她十一歲，她弟弟七歲。她把這件事說得好像她從未思索過那樣，彷彿這件事發生後就一直封鎖在她的腦海裡。她說話吞吞吐吐，過去和現在的事都夾雜在一起，敘述雜亂讓人搞不清楚事情的脈絡。她聲稱她的父母看起來很幸福、從不爭吵，所以他們的離婚令人震驚不已。

「我並沒有一直與爸爸疏離，小時候我們真的很親近。他很有趣，跟我和弟弟一起玩的時間比媽媽要來得多。」

「你有關於他離開時的記憶嗎？」

「事實上，我當時很受打擊。我記得我覺得噁心和害怕。媽媽叫我不要哭，她老是說他是個混蛋，不值得我流淚。」

「混蛋？」我問道。

「基本上，他為了另一個女人離開了我。」

她受到潛意識影響而造成的口誤讓我很震驚；格蕾絲想說的是，他為了另一個女人離開了她媽媽。

「你爸爸背叛了你媽媽，也許那感覺就像是背叛了你？」我問道。

「我認為他可能一直都在外遇。」她停頓了一下，然後說得很慢，依然像是第一次回憶起事情那樣，「我記得他帶我出去兜風，然後他把我留在車裡。我討厭那樣，我向來很害怕，因為他會花很久很久的時間。等他回來的時候，天都黑了。然後他會在我們回家之前，帶我去玩具反斗城。」她皺起眉頭，「等我年紀大一點的時候，他會帶我去H＆M買衣服，會買很多衣服給我。」

格蕾絲開始哭泣，但馬上就努力克制，直到她把淚水止住。

「事實上，我現在很恨他，」她說，「他是個自私的下三濫。當我坐在車裡時，他顯然在和別人做愛。天哪，真是個混蛋。」

「格蕾絲，你覺得很生氣。我認為這感覺就像他背叛了你。」

「他就是個下三濫！」格蕾絲重複了一遍。

「你表達了很多憤怒，但沒有任何的傷害。聽起來你小時候對這一切感到非常害怕和困惑，也許憤怒可以保護你不受這些感覺影響？」

格蕾絲點點頭，我看到她的眼眶又泛起了淚水。

在接下來的幾週裡，慢慢地我們更了解她在親密關係和承諾方面的困難。我們探討到如果她開始接近情人，她內心很容易會產生兩種矛盾的感覺。第一種是她害怕失去愛情和被拒絕的感覺，而這種恐懼的起因似乎與她童年失去父親有關。她很喜歡他，但即便在他拋棄家庭之前，她也常常覺得自己與父親的關係不穩定。她父親的感情生活一直很豐富，到處拈花惹草，還會因為工作或情人而把她晾在一邊不管，這意味著格蕾絲從未有過真正的安全感。

「我想我一直覺得自己讓他感到厭煩。他會和我們一起玩耍，然後他看起來好像很受不了我，接著他就出門了。我一直覺得很焦慮，怕他會拋棄我。」

她告訴我，當他真的離家以後，她就很少看到他了。儘管他偶爾會出現，就足以讓她立刻又愛上他，但他還是經常把她丟在一邊，為此她感到非常落寞。

第二種感覺，則似乎妨礙了她對男人做出認真的承諾——她固然擔心被遺棄，卻也同時害怕走得太近容易感到窒息。此外，她也渴望自己的空間，她經常把這種情況描述為「被人擠到沒有空間」。我開始懷疑，她是否在不自覺中嫁給了迪倫，因為他對她很矛盾；他是同性戀，他的矛盾與她的矛盾互相呼應。

然後她開始談她媽媽的事，我可以看出她們的關係是多麼緊張，我想知道這是否是問題的另一面。這種與母親的緊張關係讓她感到窒息，是否會在她與戀人的關係中被重新喚起？很明顯地，親密關係容易讓她感到幽閉恐懼症。

有一天早上，快到八月假期時，格蕾絲在晤談一開始就抱怨她的假期計畫。「你知道嗎？我告訴過你，我和朋友克洛伊、她哥哥湯姆一起去度假，我們在希臘米克諾斯租了一間公寓。」

我點點頭。

「好吧，你不會相信的，我媽就在對街租了一間民宿。這很可笑，因為民宿在舊市區的中心，她向來討厭這類地方。這是我多年來第一次沒有她跟的暑假，我不想對她說難聽的話，但無論如何她一定不會喜歡這個假期的，因為她討厭炎熱的地方，我想她也不會喜歡去酒吧！」她的笑聲消失了，然後停下來，「可是我不能告訴她不要來，她會很難過的。」

我對她母親的干涉程度感到震驚。難道她看不出別人不希望她來嗎？難道她不覺得闖入三十五歲女兒的假期有點不妥嗎？這件事讓我對她們之間的關係有了更清晰的認識，我開始明白，為何格蕾絲會覺得，不僅是她父親把自己的需求放在第一位，她母親也是。後來我也問自己，為什麼格蕾絲對她母親沒有採取更堅定的態度，為什麼不溫和地去解釋她想一個人去呢？她似乎不可能對她母親說出任何帶有拒絕意味或可能引發爭執的話，這讓我想起了她母親是怎樣指示她不要為父親的遺棄而哭泣，以及格蕾絲是如何配合地壓抑她的情感。

我也開始注意到格蕾絲對待我的方式。她基本上是一個非常會掛念人的個案，每次晤談開始時，她都會詢問我的情況，儘管我向來也只是洩氣地簡短點頭。我並不介意她的噓寒問暖，但我希望她明白，在心理治療中，她不需要遵循這些社交禮節。當我以和善的方式回應她時，她也會顯得很擔心，幾乎就像受傷的是我而不是她。如果我看起來很擔心，她會變得焦躁不安，並向我保證她很好。在我把帳單寄給她幾分鐘後，她會很快就付了錢。她總是密切注意晤談時間，從來沒有讓我說出晤談該結束了這句話。

我突然明白到，也許她覺得我在某種程度上需要保護；有時她甚至認為我才是需要幫助、脆弱的人，而不是她。我認出這是一種移情作用，她是否正在與我重現她與母親的那種關係？

理解移情和反移情作用是我工作的核心，實際上也是所有精神分析治療師工作的核心。移情作用是指對過去某種關係的態度和感受，重新出現在個案與他們的治療師之間。反移情則是指個案可能引發治療師的某些感覺，而這些感受通常與源自童年經歷的關係模式有關。在格蕾絲的案例中，我明顯看出她對母親脆弱的感覺開始「轉移」到我身上，我可以看到她相信我需要被小心翼翼地呵護著。這真的幫助我了解到她是多麼害怕惹她母親生氣。

此外，其他的童年事件也進一步顯示了她目前的愛情生活受到童年的影響。隨著格蕾絲對自己的好奇心增加，她想更了解她的童年，但似乎有很多事情她記不起來。彷彿有她無法填補的空白，而這些空白開始讓她擔心。最後她鼓起勇氣，在週末去諾福克郡拜訪她的阿姨時，順道與她的母親談話。那是一個陽光明媚的日子，她們三個人坐在花園裡喝著皮姆酒，聊著過去的事情。一起痛罵她父親一個小時後，她向母親詢問她的出生情況，母親含淚告訴她，在格蕾絲出生後不久，她就因為產後憂鬱症住院了。兩年後，格蕾絲的弟弟出生時，這種情況再次發生。

這就是格蕾絲如此保護她母親的原因嗎？在我的腦海中，我想像著一個兩歲的孩子非常想念她的媽媽。我從孩子的視角去想像，格蕾絲可能察覺到她母親的脆弱，並為此感到非常害怕。她是不是對母親的情緒變得過度敏感了？她是否已經盡力阻止她母親感到悲傷、阻止母親再次離開？對一個孩童來說，這是多麼沉重的負擔。

幾個星期來，我們談到了她童年的這些事情，以及她對母親的感受是如何重複地投射在我身上。漸漸地，這似乎發揮了作用，我感到她不再那麼沮喪，變得更有盼望。她與過去建立了一些重要的連結，這讓她對現在的情況有更深入的了解，使她覺得可以用不同的方式來塑造自己的未來。

把一件事與另一件事連結起來，是精神分析治療師的日常工作。**把看似隨意的想法、行為和事件串聯起來，有助於理解個案的內心世界，並為混亂零散的事物帶來一些意義。對這些關聯保持敏感，也許是我們能夠去理解無意識的方法。**這部分的心理像地下河一樣流動，塑造了我們所有的想法、行為和我們的愛。

不幸的是，個案在治療初期有時會對這些關聯抱持懷疑的態度，甚至斷然地嗤之以鼻。他們「自覺的自我」沒有完全主導情況，這樣的想法可能會讓人感到相當震驚。然而在治療的某個階段，他們的態度往往會發生轉變，這是真正的突破可能出現的時候。接著，個案對他們的夢想、在意的問題和日常生活，就會開始提出自己的見解。

我記得一位個案非常焦慮，因為她的長期伴侶告訴她，他現在退休了，想在倫敦買一間公寓，這樣就可以參觀畫廊和去劇院看戲；因為自從搬到鄉下後，他就非常想念這些休閒活動。這對夫婦住在國家公園的中央，周圍環繞著群山和湖泊，個案的丈夫經常談到想在倫敦有個歇腳處，卻從未付諸行動。但這已讓她整個星期睡不著覺了，儘管她的伴侶保證說，他希望從事這些活動時有她相伴，她卻相信情況並非如此。她認為他實際上是在告訴她，這是他們關係結束的前兆。

我對個案如此嚴重的焦慮感到疑惑。直到幾週後，她開始談論她父母分居這件事。分居前，她父母就曾因為在法國購買別墅的事情，發生了激烈而長期的爭執，這讓我恍然大悟了。她的法國父親非常想要有一部分的時間在自己的祖國過退休生活，但她的英國母親卻表明立場並堅決反對。她的父母為此爭吵了一年，然後突然離婚。此刻，她才發現父母離異這段記憶給她帶來了巨大的創傷，而她目前擔憂自己的伴侶關係，這兩件事當中的關聯變得很明顯。這個迄今為止一直沒有意識到的關聯，幫助她了解自己對伴侶的建議感到恐慌的原因。

傑克遜和格蕾絲似乎同樣處於進步的過程中，他們在過去和現在的挑戰之間建立起關聯。傑克遜慢慢從悲傷中走出來，現在他遇到了一個他喜歡的女人，名叫維若妮卡。他厭煩自己的工作已有一段時間了，由於對自己的感覺又變得良好，他去應徵了一份新工作，當他得到這份職缺時，他很興奮。這是一次相當大幅度的升遷，意味著他終於做了他一直想做的事。唯一的問題是他的上班時間不太彈性，不能再跟我約上午九點半的時間了。他問我能不能早點晤談，約早上八點半是否可行？我告訴他我沒有更早的空檔，但隨著與他的晤談有所進展，我心想格蕾絲是自由業者，也許她可以晚一個小時來。下一週，我問她是否介意改到上午九點半，她也欣然同意了。

交換時間過了大約三週後，有一天早上，格蕾絲氣得臉紅脖子粗地走進諮商室。「那個傢伙，在我之前你晤談的那個人，他以前是排在我後面的。」她嗤之以鼻地冷笑，「他有什麼毛病嗎？他總是用一種油膩噁心的眼神看我，剛才我要進來的時候，他還把門甩上。我想你是因為他的緣故，才要我改時間的吧？」

這讓我有些吃驚，所以並沒有立即回應。格蕾絲只是坐在那兒，雙手交叉看著我，向我挑戰。

「格蕾絲，也許你覺得我把他的需求放在第一位，然後打亂你的時間？」

「嗯，你有點這樣，不是嗎？」她停頓了一下。「你讓我改變時間，這樣對他來說更方便。」

「對你來說不方便嗎？」我問她。

「這不是重點，」她回答說，「你讓我為了他而不方便，你這樣不公平。」

我感到驚訝和措手不及。那個通情達理、善解人意的格蕾絲不見了，取而代之的是這個憤怒、苛求的孩子。

格蕾絲花了一些時間才冷靜下來，並讓我們去探討她對這種交換的感受。很明顯地，我沒有花足夠的時間搞懂她是否真的可以換時間；我沒有適當地探討她對我順從和配合的傾向，導致現在她覺得自己的需求又一次被別人的需求取代了。

「我媽媽總是先想到她自己，而我爸爸是個該死的超級自戀狂，愛怎樣就怎樣……而你瞧，你也在做同樣的事情。」

我沒有指出這些指責的不公平和不合理：這個交換不是為了我的需要，而是為了傑克遜的需求。我明白在這一刻，她覺得我和她的父母一樣，在某種程度上把她放到了次要的地位。

在那之後，格蕾絲每次晤談一開始都會談論傑克遜，她不知道他的名字，但都叫他「大人物」。她會提前來按我的對講機，打斷傑克遜的晤談，儘管我已經要求她，像我要求所有個案一樣，不要提早超過十分鐘過來。

「你最喜歡的個案大人物怎麼樣啊？」她會用唱歌的語調來揶揄。

但當我試圖探討她與傑克遜的競爭心態時，她就會岔開話題，說她只是在開玩笑，並不是什麼事都那麼嚴肅。

幾個星期後，傑克遜正在談論與維若妮卡同居的擔憂時，對講機響了。我看了一眼時鐘：現在是上午九點十五分。我看著傑克遜，他挖苦地說：「她很急著來看你。」我對她感到很生氣，她這樣令人無法忍受，不能再繼續這樣下去了。

在兩節晤談之間的十分鐘休息時間裡，我整頓心情來思考我要說什麼。然後我打開門，招手讓格蕾絲進來。她背對我脫下外套，坐下來，挑釁地盯著我看。

「格蕾絲，」我的聲音聽起來比我感覺的還要平靜，「我需要說清楚，你不可以提早來，我之前說過。但如果你繼續提前按鈴，那麼我們需要重新考慮你的晤談。」她焦急地看著我。「我得把你調到另一個時段。」我解釋說。

「但那是我的時段，原本的時段。」她把整張臉埋進膝蓋中間，淚流不止。

那次晤談後，格蕾絲不再提早來了。我們花了幾個星期的時間才弄清楚到底發生了什麼事。我們逐漸明白，她一直在試探我，看看如果她的行為惡劣，我是否會拒絕她。因此，當我只是警告說她的行為已令人無法忍受時，她感到非常放心，因為她擔心自己的行為可能會導致我「解僱」她。漸漸地我們還發現，她對傑克遜的敵意與她認為母親一直偏愛她弟弟有關，她認為我比較喜歡傑克遜而不是她。她承認她多麼嫉妒她的弟弟，這讓她回想起長期遺忘的、弟弟出生時她母親離開她去住醫院的感覺。這種古老的敵意和恐懼在她內心深處難以觸及，導致她對傑克遜產生這種非理性的怨恨，她甚至還不知道他的名字。

我們繼續進行諮商，格蕾絲定期來參加她的晤談，很快地我聽到她在出差時認識了馬克斯。幾個月過去了，他們的關係似乎正在發展。她談到他們的進展起起伏伏，我曾多次以為她會和對方分手，但漸漸地馬克斯成了她生活中固定的一部分。長髮公主終於放下她的頭髮，讓馬克斯進入她的生活。

幾個月後，我剛從美國度假回來，由於時差的關係，鬧鐘響了，我卻睡過頭。那時是早上八點三十一分，我沿著維爾貝克街匆匆趕去，我跟傑克遜的晤談遲到了，這時我看到他在外頭等著。在我翻找鑰匙時，他舉起一隻手打招呼，並滿心暖意地微笑。

「我有消息要告訴你，」他邊說，邊走進廁所裡。

我走進我的諮商室，整理好抱枕，傑克遜跟著後面進來了，一進來就脫掉了外套。

他笑了笑說：「維若妮卡懷孕了！」

五十分鐘後他離開了，我拿起我的iPhone讀取格蕾絲的簡訊：我遲到了——因為必須去看醫生。

二十分鐘後對講機響起，格蕾絲出現了，她一路趕來滿臉通紅，滿身大汗。

「你猜怎麼著？我懷孕了！」她宣布說。

佛洛伊德的理論認為，可能沒有所謂偶然或巧合之類的事情。**雖然我們可能在某一個層面上對某事一無所知，但在另一個層面上，我們總是不自覺地被傳達和吸收了某些感覺、想法、事件和經歷**。也許我們在許多不同的層面上是「知道」這些事情的？有時我們能夠充分而自覺地知道，但有時當「知道」太痛苦或我們的注意力在別處時，我們會發現自己處於「不知道」的狀態。

這段期間我是否特別留神到事情之間的關聯？是否注意到其他時候我看不出來的匯合點和同時發生的情況？還是說，所有這些事情僅僅是巧合？偶然事件、隨機事件一起發生，其實沒有任何意義，它們既不玄祕，也非潛意識作祟，是這樣嗎？

5

害怕自己不能讓另一半快樂

大熊領悟了美女與野獸的差別

「如果不能讓她開心，那還有什麼意義？」大熊悲傷地回答。
對大熊和莎佛朗來說，
沉重的呼吸聲、不滿、生氣和嘆氣，
似乎是他們唯一的語言。

一個叫大熊的男人來看我，因為他在感情上遇到了困難。他重重地坐在我的沙發上，哀怨地望著我，直到我鼓勵他告訴我他前來的原因。他似乎很沉默，拐彎抹角地談論著他的妻子和孩子，以及他在資訊科技業上班，覺得這份工作很枯燥，但能維持生計。當他勉強擠出笑容時，嘴巴總是笑得歪斜；他還有一雙巨大的棕色手掌和雜亂的捲髮。雖然他身上散發出消沉悲傷的氣味，但他其實相當有魅力。

最後我說：「你似乎很難告訴我，真正困擾你的是什麼。」

他把目光移到窗外說：「我受不了她嘆氣的樣子。」

「嘆氣？」我問道，不確定我有沒有聽錯。

他又沉默了，然後抬起頭，點點頭說：「是的，她會嘆氣。」

儘管我多次鼓勵他告訴我更多，但他似乎不願意進一步談論，在第一次晤談中我沒有再聽到關於嘆氣的事情。當我搭公車回家時，我想知道這意味著什麼。我知道我丈夫的嘆氣會對我產生怎樣的影響，我會警覺到他發出了這樣微小的信號，可能表示他累了，或者對某件事感到不悅。我知道我也免不了會嘆氣，有時這麼做對我來說是一種和善的舒緩方式。

下週大熊回來看我時，他說：「今天我告訴妻子，我要來見你，她當時在廚房餵狗。我問她是否想來，她沒有抬頭，只是嘆了一口氣。」他停頓了一下，「我當時很想毆打她。我擔心如果她再這樣嘆氣，我可能真的會出手。」

我心裡一驚，我能聽出他聲音中的憤怒和怨恨，我還能聽出那些怒火比他的恐懼還要響亮。我問他，是什麼阻止了他動手打她，他又是否曾經出手過？他搖搖頭，盯著自己的鞋子。

「我從來沒有毆打過她，我想我也不會動手，但有時我覺得自己好像快要爆炸成小碎片。」然後他為他剛才說的話道歉，並向我保證他不是危險人物，我不必擔心。

在接下來的晤談中，他單調地談論他的工作，我突然感到疲倦和昏昏欲睡。對我來說，睡意來襲是一件非常罕見的事，因為當我的個案說話時，我必須全神貫注和他們在一起，注意他們所說的一切，並且留心關注我給他們建議後，他們會有的表情和反應。我全心全意地接納他們，並伸出援手與他們建立連結。因此，當我在晤談中感到睏倦時，這是一件值得認真看待的事，我會問自己這意味著什麼，我的個案是否在不自覺中傳達某種訊息。**從我自己的經驗和其他人的智慧中，我了解到昏昏欲睡有時是一個跡象，顯示個案有大量被壓抑的憤怒。這種壓抑的結果，使他們大部分的言行舉止變得平淡，因為他們抑制了自己更活躍的部分。**當然，我在思考這件事時，必須排除明顯的因素，比如我的睏倦是由時差造成的，或是前一晚睡得特別不好。但那天和大熊的談話中，這兩個都不是原因。晤談快結束時，我想到他一開始談到那麼暴力的事，但現在他似乎沒什麼活力又很平淡，這是很奇怪的。

「我認為你害怕妻子激起你心中的暴力情緒，所以你努力平息這樣的情緒，而不是去了解背後的原因。」我提出這個見解。

他點點頭，說以前幫助他戒酒的心理學家也這麼說過。我很驚訝，因為他沒提過他有酗酒的問題。現在他告訴了我，在他第一個兒子出生後，他飲酒的問題已經失控，去年還離家到戒酒中心待了六週，現在已經戒掉十四個月了。

「你是在戒酒後，開始感覺到妻子在嘆氣嗎？」我問道。

他點了點頭。晤談即將結束，當他慢慢收拾東西，準備離開我的辦公室時，我想起了他的憤怒，懷疑他是否用酒精來壓制他的怒火。在他和妻子的關係中，是否有什麼東西，以前在他喝酒時被掩飾了，而現在卻浮上檯面？

接下來的一週，大熊很早就來了，耐心地在諮商室外坐了二十分鐘，但晤談開始後，他似乎無話可說，我們靜靜地坐了一會兒。過了一下子，他的手機響了，他拿起放在沙發上的手機。我看著他讀了這則簡訊，然後他抬頭看我。

「她在外面，她想進來。」他看著我，神色驚慌失措，那一刻我想知道外面到底是誰；感覺就像一個危險人物準備要來抓他。然後我恍然大悟，是他的妻子。

「我該說什麼？」他邊問邊驚恐地睜大眼睛。

「你想讓她進來嗎？」我問道。

「別把我告訴你的事告訴她，」他語氣強烈地說，並且從沙發上站起來，「我要下樓去見她。」然後就站起來離開了。

我在諮商室裡等著，不知道接下來會發生什麼事。我想像著她衝進我的辦公室，要求知道發生了什麼事。他對簡訊的反應，讓我覺得她一定很可怕。過了一會兒，我聽到外面有聲音，是有人上樓的腳步聲。接著我的門被打開了，大熊又出現了，後面跟著一個身材嬌小的女人。她有一雙漂亮的棕色眼睛和一頭棕色捲髮，她入座後緊張地對我微笑。她穿著一條長長的綠色洋裝，上面點綴著白色小花，當她坐下時，我注意到她纖細的棕色雙腳和腳踝上戴著的小金鍊。

「我真的很抱歉這樣直接出現。上週大熊要我來的時候我沒來，我覺得很抱歉。」她停了一下，晃了晃她的捲髮，疑惑地看著我。「但是如果有點怪，我可以現在就離開。」她的眼神從我身上轉向大熊，頭偏著一邊，期待並等著有跡象顯示她是受歡迎的。她看起來多麼溫順，與我預期的完全不同。

我們聊了一會兒他們想要的東西——他們都想進行伴侶治療嗎？大熊可以接受她參與嗎？我說，我認為他們需要先回去，並思考怎樣是最好的，然後可以讓我知道結果，再來看看應該如何進行。

他們離開時，她握了握我的手，並再次為沒有先講好就出現而道歉。我懷疑我是否還會再見到她。三天後，大熊寄了電子郵件給我，說莎佛朗不會來了——她認為大熊應該自己來和我晤談。

在下一次的晤談中，我很驚訝。大熊看起來不一樣，他穿著森林綠的瑜伽褲，突然看起來不那麼一般了。

「我對上週的事感到很抱歉，」他開始說，「我以為我想讓她來，但實際上我不想。不能讓她知道我告訴你關於嘆氣的事。如果她知道我對你說了什麼，她會很不高興、很生氣，她會發飆的。」

我注意到他的反應看起來很害怕，他是擔心莎佛朗會受傷，還是擔心她會對他生氣？

「你提到莎佛朗，感覺你很懼怕她，或者害怕讓她不高興？好像你會擔心如果你說了什麼負面或批評的話，她就會崩潰或氣炸了。」當我說話時，我知道大熊對莎佛朗的觀感與她給我的感覺，兩者之間存在著差異。我無法完全把上週來參加晤談的那個人——她看起來既不脆弱，也不暴躁——與大熊表達出來的恐懼聯繫起來。大熊似乎也沒有告訴我任何關於她的事，可以證明他的焦慮是有道理的，所以我覺得有些不對勁的地方。

在伴侶諮商中，很多時候治療師會遇到一方對另一方的看法，與他們的實際

情況存在著差異。我記得有一對夫婦，女方約蘭德是一個五十多歲、優雅而有成就的女士，她在初夏時來見我。她的丈夫當時在軍隊中，並且正在國外服役。雖然這不是慣常的做法，但我們同意在他九月返回英國之前，她先獨自前來晤談。她的生活豐富精彩，花了很多時間照顧他人，她覺得這很有意義也很有趣。然而她對自己的婚姻深感失望，在我們單獨見面的幾個月裡，她非常埋怨她的丈夫。在我們交談的過程中，我看到的畫面是一位相當冷酷無情的男人。她哭著說，丈夫對她和她的生活毫無興趣，而她對他的專制和愛管人的個性感到憤怒。她告訴我，他對她有多挑剔——她的廚藝、她的穿著以及與她往來的朋友——這些控訴描繪出的形象，是一位執著於自己地位的男人，而且十分在意旁人如何看待他們這對夫婦。到了夏季尾聲，我腦海中對她丈夫有了一個非常生動的印象，這個印象讓我想起小說《福爾賽世家》中的人物索米斯，他是個冷酷、殘忍、能力不足又非常自負的人，是一個禽獸般的男人，形象一點也不吸引人。所以，在我們開始進行伴侶共同諮詢前，我懷著恐懼的心情安排與他單獨見面。

結果，九月時走進我辦公室的，是一位身材高大、頭髮略為稀疏卻相當挺拔的男人。他對我熱情地笑了笑，然後開始敘述，跟我說約蘭德是如何對我讚不絕口，以及他是多麼期待來到這裡。我很驚訝，眼前這個人與我想像中的男人完全不同。他一點也不冷酷和傲慢，反而還很親切；令人訝異的是，以他的軍階來說，他表現得很謙虛。約蘭德是從自己內心扭曲的鏡頭來看她的丈夫。不過，儘管約蘭德的丈夫不像她所描繪的、有如索米斯一般的人，但時間一長，我發現他某些方面確實印證了她的觀點，只是比她腦海中對他的畫面要來得複雜和微妙許多。他雖不美好，但也不像野獸般那麼可怕。

大熊的內心似乎也出現這種扭曲，因為他一直認為莎佛朗既脆弱又可怕。我們討論過，他可以更直接與妻子談論他的感受，但是當機會來臨時，他總是做不到，因此似乎沒什麼變化。幾個星期過去了，儘管他持續談論她的嘆氣，但我們似乎無法從中理解到什麼事。我很納悶，為什麼嘆氣會讓他如此難受？不過我可以明白，他經常默默對她感到煩躁，我們會討論他的這種憤怒。漸漸地，他能夠承認自己不快樂的情緒，但當她嘆氣的時候，他還是會有動手施暴的念頭。

一個星期二的早晨，大熊一進門就看起來很疲憊。他那頭平常富有彈性的頭髮變得和他一樣沮喪和壓抑。他告訴我，他整晚都在擔心，因為莎佛朗對他大發雷霆，他一晚都沒有合眼。

「事情的起因是，我下班回家時忘了買麵包。她說我沒把她的話聽進去，說我很粗心，她還在孩子們面前這麼說。」他停頓了一下，看著我，我想是希望得到同情，然後繼續講他的悲慘故事：莎佛朗對他要求過高，莎佛朗對他很刻薄，莎佛朗從不說謝謝，莎佛朗似乎從不關心他過得好不好。我一邊聽一邊想，她的口氣在我聽起來其實是很溫和的。

「大熊，你經常覺得莎佛朗在對你發火，我想知道為什麼？」

「她還沒有原諒我。」

「原諒你？」

「因為我錯過了阿洛的出生。」

他非常羞愧地告訴我，他第二個兒子出生時，下班後的他在酒吧裡喝酒。莎佛朗打電話給他，說她覺得孩子快要出來了，但不知怎麼地，他沒有離開酒吧。

等他終於回到家以後，她已經在沒有他的情況下去了醫院。當他抵達產房時，助產士把他送回家，因為他喝得太醉了。他告訴我這段往事後，我們安靜地坐著，我等著他多說幾句。

「莎佛朗帶著嬰兒回來時，她沒和我說話，甚至不願意讓我抱，她完全不想和我有任何牽扯。」大熊說的時候聲音有些顫抖，「阿洛一週大時，我去找家庭醫師聊聊，他安排我去戒酒中心。在我接受治療時，她的母親搬進來了。」

「那你回家之後，情況怎麼樣？」

大熊聳了聳肩，「我們從來沒有真正談過這個問題。」

他這次的坦白，讓我對他們的情況有更深入的了解，我從骨子裡感覺到莎佛朗一定感到十分失望和受到背叛。如此粗心，連自己兒子的出生都趕不上，這一定會激起難以修復的心情。

「大熊，也許她的嘆氣是她表達自己仍然感到不平的方式？」我提出想法說道，「每次她嘆氣時，我想你都會覺得她在為你所做的事而責備你。她的嘆氣讓你感到非常內疚和糟糕，你因此痛恨她。」大熊看起來很痛苦，他點了點頭。

「看來你們倆都難以面對自己的感受，甚至可能不知道自己的感受是什麼。而且你們倆都覺得無法與對方把事情談清楚。你以前用酒精麻醉自己來處理痛苦的情緒，也許莎佛朗只能用嘆氣來表達她的感受？」

「我只希望她能開心，我希望能讓她開心，我以前可以的。如果我不能讓她開心，那還有什麼意義？一切還有什麼意義？」大熊悲傷地回答。

對大熊和莎佛朗來說，沉重的呼吸聲、不滿、生氣和嘆氣似乎是他們唯一的語言，而大熊對這些「訊號」非常警覺，他的觸角總是在尋找這些幾乎無聲的「指控」。

經過幾次晤談後，他開始告訴我，他感覺好一點了。他談到天氣會對他的情緒產生很大的影響，以及他有多喜歡穿過攝政公園走到我的辦公室。「六月的天氣好得不得了！」他說著然後大笑起來，我說我也覺得他今天看起來狀況很好。然後，他若有所思，開始談論他多麼希望自己能更隨性、更自由。

「隨性和自由？」我回應道，希望他能多說一點他的想法。

他聳了聳肩，我注意到他雙手握在一起，似乎本能地把手放在褲襠保護著。

「你渴望的隨興，與你在性方面的感覺有關嗎？」我問道。

他點點頭，然後談到了今天他和莎佛朗是怎樣早早醒來做愛，這是他們很久以來第一次做愛。他慢慢解釋說，在他酗酒的時候，他們的性生活已經「被搞砸了」。大多數時候，他在晚上喝得太醉無法做愛，而莎佛朗早上會比他早起。當他從戒酒中心回來時，雖然他們有很多性生活，但成效並不好，於是就停止了。

「是什麼原因導致成效不好，大熊？」我問道。

他鼓起臉頰，看起來很彆扭，但過了一會兒他告訴我，莎佛朗不再喜歡和他做愛，是因為她沒有感到興奮，他無法讓她高潮，儘管他試了又試。

「但今天早上，她高潮了，她似乎真的很享受——我以為孩子們會聽到她發出的聲音。」

「呻吟的聲音？」我笑著問道。

「對，呻吟！發出很多呻吟的聲音！」他笑著說。

接著我們談到了，他對幸福的感覺是多麼取決於莎佛朗的快樂，以及在她懷孕之前，每當他們之間出現問題時，他總能讓她在床上愉悅。這就是他們和好的方式——不是用言語，而是用他們的身體。

那次晤談後，莎佛朗的嘆氣就沒那麼讓大熊生氣了。事情豁然開朗，我們開始談論他對幸福的脆弱感覺——他不確定自己是個好人，還是一頭自私的野獸。

人們會重複著各種模式，例如從父母那裡深刻學到的相處模式。隨著我們一起進行的諮商中，我開始明白大熊的父母相處並不快樂。他的父親是一個容易憤怒的人，既冷淡又冷漠，而他的母親則常常感到悲傷和失望。大熊非常關注母親的情緒，她在家裡製造了天氣。偶爾，她會讓太陽出來，但多數時候她會製造烏雲。大熊對他母親最深刻的印象是，她在臥室裡用一個微型電視機看電視，電視機是放在腿上的托盤。他會輕輕敲門，走進去後，小心翼翼地坐在床尾，只為了能靠近她。他記得那個藍色燈芯絨床單，他用手指摳著，感到無聊又孤單，同時害怕母親會覺得他很討厭而把他趕走。他從小就一直覺得他無法令人快樂，他沒有振奮母親的心情，也沒有讓她高興。在他的骨子裡，他認為自己是一個負擔，並擔心是他讓她悲傷，是他讓她失望。現在，他生活在害怕讓莎佛朗失望的恐懼中。就像他監視著母親的情緒一樣，他也以同樣的方式觀察著莎佛朗，害怕地聽取那些烏雲般的訊號。當莎佛朗心情愉快的時候、當他能讓她高興呻吟的時候，他感覺自己是男人中的王子，快樂而自豪。但如果沒有這些保證，他會覺得自己就像一頭憤怒又危險、性情凶猛的野獸。

第二部

背叛

我當然會傷害你，你當然會傷害我，我們當然會互相傷害，但這正是存在的根本條件。要成為春天，意味著要接受冬天的風險。要變成在場，意味著要接受缺席的風險。

——安東尼・聖修伯里（Antoine de Saint-Exupéry），《舞者瑪儂》

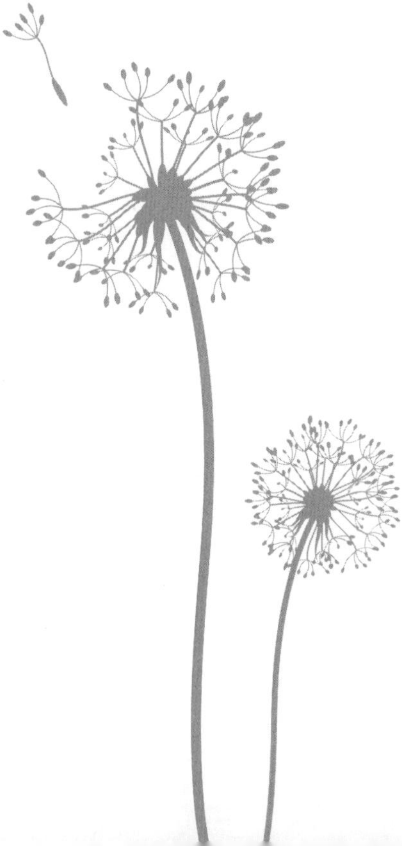

什麼是背叛？它自始至終幾乎涉及謊言，而且涉及自私。背叛者把自己的利益、願望和需求放在第一位；雖然他們所愛的人信任他們，但他們不值得被信任。在世界上的許多地方，身為通姦者或叛徒仍然是一件非常危險的事。即便在西方國家，這兩種罪行都不會帶來可怕的後果，沒有人會被砍掉雙手或被挖出眼睛，也沒有人會被放逐；儘管如此，我們還是譴責通姦者——在媒體上辱罵他們，同時向被戴綠帽的人表示同情和關懷。但是想像一下，如果我們能進入他們的頭腦，去更加了解「受害者」和「肇事者」，那會是什麼情況？

正如佛洛伊德所說，當我們面對父母的關係時，也許就遭受了第一次的背叛。我們悲痛欲絕地發現，自己心愛的父親或母親愛著對方，這讓我們多數人在親子三角關係中感到不安，許多人在自己的戀情中，會不自覺地顯現第一次受到背叛時尚未解決的感受。

當我們違背誓言、當我們破壞愛與信任的羈絆時，我們是否在不自覺中破壞父母在我們心中充滿愛的連結？當一個女人開始與已婚男人發生婚外情時，她是否在報復自己的媽媽與爸爸往來？當一個男人找到情婦時，他是否戰勝了自己強大的爸爸，因為爸爸從他身邊奪走了他的寶貝媽媽？

但是，背叛不僅僅與性有關。人際關係中有許多形式的不誠實，所有這些都破壞了把最親密和最有意義的關係聯繫在一起的黏著劑。

6

失去熱情的婚姻出現第三者

卡馬爾發現是誰給他戴綠帽

隨著塞西莉外遇一事曝光，
我想不透卡馬爾怎能如此鎮定。
如此不堪的背叛，這樣的行為是多麼令人難受，
我感到怒火中燒，而卡馬爾仍舊無動於衷。

「你一定在開玩笑，不可能的……絕對他媽的不可能。」卡馬爾整個情緒大爆發了。

塞西莉坐在那裡，臉上掛滿了淚水，胸口隨著呼吸起伏，無法說出自己的感受。卡馬爾正要離開，「我不會留下來聽你說這些，抱歉，蘇珊娜。」他站起來，朝門口走去。然後他猶豫了一下，轉身對著塞西莉，哀怨地說：「你想要我走嗎？你是這麼想的？」她看看我，也看看他，安靜且小聲地說：「不是的，不是的。」

情況就是演變到這個地步。其實前幾週我就知道了，我在筆記本上塗寫了好幾遍：「塞西莉——是不是有外遇？」現在把話說開了，嗯，算是吧！感覺如釋重負，也許現在可以開始進行協談了，我們都可以不用再猶豫不決了。塞西莉不是直接跟我明講，只是她述說自己的生活與周圍的一切，都像在尖叫著說：「我有外遇！外遇！外遇！」有趣的是，為什麼卡馬爾花了這麼長的時間才明白；或是竟然沒有問她為什麼總是加班到很晚、為什麼她總是要在週末打電話。我想不透，是故意睜一隻眼閉一隻眼嗎？卡馬爾是不是根本不想知道？也許這種視而不見與更深層的潛意識有關？

在塞西莉的慫恿下，他們來心理治療了幾個月，她說她擔心他們的關係已經變得有點平淡無奇，如果不想辦法改善，到頭來會像他們的父母一樣。塞西莉的頭髮非常短，貼著頭皮的短髮還染成白金色，一邊鼻孔戴著一顆小鑽石鼻釘。她身材嬌小，圓潤可人，讓我想起了蕾哈娜（Rihanna），她和那位歌手類似，帶著光芒且性感迷人。儘管現實中塞西莉沒那麼光鮮亮麗，因為她最近才被選為倫敦東部偏遠地區的地方政治代表。卡馬爾也很引人注目，他總是一身黑衣，頭髮又長又直，不久前才染成灰色，他把頭髮紮成一個低髮髻。他們給人一種淡漠、精明的感覺，而且他們接觸心理治療的態度也頗為冷淡。

第一次晤談時，卡馬爾似乎對我或整個心理治療過程極不感興趣，當我問他們為什麼要心理治療，他說是為了塞西莉；他認為他們沒什麼問題，而且他也不相信可以跟陌生人一起探討他們的關係。然後他就盤問我的經驗、資格和費用，我的諮商費用可以再談嗎？因為他們生了三個孩子，可以算便宜一點嗎？我問了他們的財務狀況，如果他們真的負擔不起，我也不想死守價格，但我很快就明白，兩人都有合理的收入，所以我反而把注意力轉向他的矛盾心理。我無法很深入了解他們，因為卡馬爾很魯莽，一直說是塞西莉要他來心理治療的，他認為如果這是塞西莉想要的，他就得跟著配合。

二十分鐘過去了，卡馬爾的敵意已經煙消雲散，取而代之的是有些冷淡的敷衍場面。我很快就發現，對於接受心理治療，實際上兩個人的心理都有些矛盾。因為塞西莉太忙了，所以花了很長時間才同意晤談的時間。她問我，是不是可以在早上七點與他們碰面，或者可以在晚上十點為他們心理治療？週六早上或週日下午可以嗎？很明顯，他們很難投入時間來進行伴侶治療。

幾個星期後，他們終於開始與我晤談，但兩人似乎不知道該說什麼。卡馬爾通常很安靜，只對塞西莉說的話感興趣。當塞西莉真的說出想法時，卻會用一種迂迴且模糊的方式表達她多麼不開心。我會因為浪費了這麼多時間而感到不耐煩，這種推諉和迴避的方式令人感到沮喪。他略顯傲慢的漠不關心和她營造的朦朧模糊感，使我很難將這視為防禦，他們更可能是在害怕，如果真的開始說實話，後續會發生什麼事。

塞西莉不開心，似乎源於卡馬爾對做愛不感興趣，但這話題總是繞開不談，即使聊到，也只是順便一提或以開玩笑的方式帶到，所以我們永遠無法深入探討這個議題。在幾次的晤談中，他們以生硬的方式談論他們的孩子，分別是四歲、三歲和兩歲，但這個話題似乎也從未好好深談。我覺得我說出來的內容相當乏味，我的評論就好像是非常基本的「如何好好經營婚姻」的使用手冊。他們拒我於心門外，因此我也說不出什麼有意義的事情。

幾個星期過去了，我越來越常聽到塞西莉很忙碌。卡馬爾會從托兒所接孩子回家，他會為孩子泡茶，會哄他們上床睡覺，然後塞西莉才回家，經常喝得有點醉，會把孩子叫醒來擁抱一下。事實上，我對她越來越多批評，但卡馬爾似乎仍然在避免打開天窗說亮話，他只會溫和地說，他認為四歲的比利想要更常見到塞西莉。此外，我也聽說卡馬爾獨自和孩子們一起度過週末，塞西莉則去參加工作上的會議。

最後在復活節假期前的那次晤談，她告訴卡馬爾她外遇了。她之所以會坦白說出來，是因為卡馬爾想要塞西莉前往土耳其度假，他的父母住在那裡，而她一直很抗拒。「我需要工作，你知道我必須工作。我需要趁國定假日的時候來拉票，我無法整個星期都待在國外。如果我可以配合，你先帶孩子去，我會在復活節那個週末後，飛過去會合。」這句話在諮商室裡聽起來像是公然的挑戰一樣。卡馬爾上週曾說過，他多麼期待與她共度時光，而且她承諾會把孩子放在第一位，但現在她出爾反爾了。我發現自己對她很生氣，她這麼說似乎太挑釁了。

卡馬爾看起來很受挫，然後他試圖振作，轉頭看著她說：「你騙了我嗎？塞西莉，別騙我。」她看著他，感到驚慌失措，接著她看著我。

「我想他希望你對他有話直說，塞西莉。」當我說話時，我知道她明白我心知肚明。

她點點頭，臉上出現恐懼的表情，「我真的很對不起。」在長時間的停頓後，她說，「你知道的，對吧？你知道我一直在和別人約會嗎？」

卡馬爾用雙手摀著頭，像在試著摀住耳朵不要聽到她說的話。塞西莉激動得哭了，「對不起……我真的很對不起。」

我在旁邊看著，沉默不語，感到很震驚。

「是誰？」卡馬爾問道，聲音嚴厲而憤怒。

接著一陣安靜，然後她用細小、安靜的聲音說：「法蘭祺。」然後他就情緒大爆發了。

卡馬爾的情緒爆發和憤怒就像一朵飄過的雲，到下一次晤談時，他似乎已恢復成冷靜、鎮定和自律的自己。當他們開始對話時，曾經有一度他們對我敞開心房，讓我了解事情後來的發展。自從上週晤談結束後，他們一直在努力對話，甚至談到凌晨，乘著這巨大的情感風浪，絕望地輪流哭泣。他們每晚都會得出結論，就是兩人必須分開。接著每天早上醒來時，他們感到絕望而心靈破碎，他們會做愛，然後重新開始。因為他們現在對彼此完全開放，我感覺到他們比以往更加緊密。

根據我的經驗，我知道外遇有時會成為催化劑，使事情的發展更令人滿意，尤其是這段關係過去為了避免種種衝突，導致事情變得乏善可陳和毫無生氣的時候。在避免衝突的關係中，通常根本不會有性愛，但揭發外遇會引發欲望，突然之間就是激情地做愛。為什麼事情會這樣發展？一部分的原因起於攤在眼前的事實，因為對未來充滿不確定感，做愛成為夫妻相互安慰的方式，得以重新建立擁有安全感的幻覺。但我也注意到，外遇能讓伴侶以不同的方式看待彼此；兩人突然分開，而且和別人交往，這樣會帶來全新的興奮和渴望。塞西莉的外遇是否會讓兩人更親密，或者這只是過渡階段，最終她依然會脫離這段關係，引發真正的分手？**所謂外遇，是「對內」不忠，還是「對外」忠誠呢？**

「這並不嚴重，卡馬爾，法蘭祺不會威脅到你。」塞西莉懇求說，「你知道我只是要搞清楚，跟女人交往會是什麼樣子。」我恍然大悟法蘭祺不是男的。

「但在這麼多人之中，為什麼偏偏是法蘭祺？我不明白你怎麼能做出那種事。你不知道不能違反第一原則嗎？朋友妻不可戲！」

他們倆顯然都是法蘭祺很親密的朋友。法蘭祺在政治上很活躍，是塞西莉的好夥伴，她住附近，她的孩子和他們夫妻的孩子幾乎同年齡。她的丈夫前一年離開了，自此之後，她每天都會和他們一家人碰面。卡馬爾帶著法蘭祺的孩子去托兒所，法蘭祺接送他們的孩子。當法蘭祺想外出時，卡馬爾讓法蘭祺的孩子在他們家過夜……現在真相大白，原來她外出是跟塞西莉在一起。卡馬爾在照顧小孩的時候，法蘭祺和塞西莉卻在附近做愛。

隨著外遇一事曝光，我想不透卡馬爾怎能如此鎮定。如此不堪的背叛，這樣的行為是多麼令人難受，因為外遇對象在他們夫妻的生活中占有重要地位。我感到怒火中燒，而卡馬爾仍舊無動於衷。當晤談接近尾聲時，卡馬爾說塞西莉應該和我單獨晤談一次，因為塞西莉需要幫助，才能決定她想怎麼做。他會按原訂計畫去伊斯坦堡，孩子會跟他一起去。

接下來的一週，塞西莉坐下晤談時，她看起來消瘦、臉頰凹陷，原本豐滿的光澤消失了。她在包包裡翻找東西，沒有對外遇的行為特別道歉，然後她把自己的面紙好好地放在腿上，大哭了起來。

「我該怎麼辦？蘇珊娜，我該怎麼辦？我搞砸了與卡馬爾的關係、搞砸了孩子的事、搞砸了我們的家，我該怎麼辦？」她大聲擤鼻涕，看著我，好像我可以告訴她答案。「我愛卡馬爾，我愛我們一起生活的日子，但我不知道我為什麼要做這種事。我試過與法蘭祺分手，但是……」她的聲音逐漸微弱，「請告訴我該怎麼做。」

「在這種困境中真的很辛苦，我看得出來你多麼傷心。」我中立地回應。

她深吸了一口氣，看著我，然後看向別處。

「我會搞亂小孩的生活嗎？」

「如果你離開嗎？」我問道。

她點點頭，「我不希望我想要的生活會傷害他們……我如何能證明這點？」

「聽起來你覺得，如果不是選擇他們，就是選擇你自己？有那麼極端嗎？」

「卡馬爾會恨我的，小孩會恨我的……」

「我覺得你害怕的，是你可能會很恨你自己？」

「沒錯，我的確很恨自己，不管怎樣，我都會恨死自己。」然後她又哭了。

隨著晤談持續進行，塞西莉跟我說更多有關她與法蘭祺的事，這段關係對她們倆而言都是一種啟發。她們之前都沒和女人交往過，她覺得她們是真的很相愛，部分原因是她們都是女性，而且法蘭祺和她一樣都是混血兒，也非常熱衷政治。她們深愛著彼此，當她和我交談時，她說她們因肉體關係而產生了緊密和愉悅的感覺。

「我也很喜歡和卡馬爾在一起，但我不確定他是否喜歡和我在一起。」

「你是指在性的方面？」

「對。」她停頓了一下，「我們的性生活幾乎都不怎麼樣，他似乎不太熱衷。我的意思是，即使在過去的幾週內，我們也做愛很多次，但完全都是我主動，而不是他主動。」

「我認為，你覺得法蘭祺真的很渴望跟你做愛，但卡馬爾並沒有。」

「完全正確。對，就是這麼一回事。她很想要我，但我覺得卡馬爾沒有這種渴望，沒有真正跟我做愛的渴望，我認為他從來沒有。自從我當選以來，我們很難分享彼此的想法，但法蘭祺知道我在做什麼以及我為什麼這麼做。我不認為卡馬爾能明白。」

我們默默地坐著。

「他無法高潮。」她突然說，「他無法性高潮，我一直沒辦法讓他高潮，而且已經持續很多年了。」

我等著，納悶他們的小孩是如何被「創造」出來的。塞西莉彷彿知道我的猜想，所以說：「我們去了一家在牛津的診所，做了ＩＵＩ*。」

「ＩＵＩ？」

「我忘記這個縮寫是什麼意思，基本上就是他用打手槍的方式把精液裝到罐子裡，然後他們再把精液注射到我體內。接著會檢查受精卵何時著床，每次都一次就成功。」

我腦海中閃過很多問題，他們是怎麼做這個決定的？為什麼他們沒有對性生活問題尋求治療？為什麼她會允許這種情況呢？如果性生活老是不協調，為什麼一開始他們兩個人會在一起？

「聽起來你們對性生活都不太滿意。」

她聳聳肩，「我不知道，我覺得卡馬爾從不在意。」

我感到困惑和驚訝，我知道卡馬爾不像她那麼熱衷做愛，但他對塞西莉很忠誠。他整個人傳達了他想成為一個好丈夫和好父親的願望，散發出一種非常陽剛的自信，很難將那樣的形象與塞西莉剛剛告訴我的情況聯想在一起。

在擁擠的地鐵上沒有座位，我從尤斯頓站到康登鎮站一路抓著吊環，期待有人讓座給我。正當我覺得自己會一路站到高門站的時候，一位三十多歲的高個子男人對我笑了笑，示意問我想不想坐下，我感激地點點頭，和他交換了位置，撲通一聲坐在溫暖的絨毛座位上。這個英勇的行為讓我聯想到卡馬爾，很顯然，他們在性別認同方面出現了重大狀況。這不是我第一次遇到這樣的情況，如果塞西莉現在認為她可能是女同性戀，而卡馬爾似乎不太喜歡和她發生性關係，這意味著什麼？是不是他們之間有種不自覺的共犯關係，這個共犯關係很可能將性的問題排除在溝通主題外？事實上，是不是他們倆都不確定自己是否為異性戀，這就是他們不自覺選擇彼此的原因嗎？

理解和處理性方面的問題，可能是我工作中最令人感到困惑的部分，我一直

＊指Intrauterine insemination，人工授精。

想知道造成困惑的原因是什麼。當然，其中一部分原因是許多伴侶難以分享生活中非常親密的細節，但同時也因為這涉及性慾，以及勢必伴隨性慾而來的幻想，所以這些往往被埋在潛意識的深層，那是難以觸及而且與言語和理智脫節的。夫妻之間經常會出現性方面的「症狀」，導致他們很難有令人滿意的性生活。雖然當中有些性方面的「症狀」可能相對容易解決，有時則不然。強壯有力的丈夫對妻子的身體感到厭惡，但看到老年人演出的色情片會感到興奮；充滿愛意、開放和親切的妻子在被丈夫觸碰時無法被挑起性慾，會維持僵硬和不為所動。我們的身體會傳達這樣的故事，但將故事解釋成可理解和可分享的語言是很困難的。

因為復活節假期，我過了將近三個星期才再度見到他們其中一人。我們用電子郵件來來回回討論了一些問題，最後同意卡馬爾也將進行一次單獨的晤談。那天是美麗的春日，我在午後的陽光下散步了一會兒。當我走向自己的辦公室時，我看到卡馬爾在講電話，他正在大樓外專注地講話。他戴著一條色彩鮮豔的刺繡圍巾，站在陽光下，皮膚看來曬得黝黑健康，看似沒感到心碎或痛苦，反而充滿朝氣。

十五分鐘後，這位膚色棕褐的英俊男人坐在我的沙發上，手裡緊握著手機。

「抱歉，我需要維持待機狀態，」他指著他的 iPhone 說，「我擔心工作上有緊急狀況。」我點點頭，並注意到他看起來是多麼隨意、冷靜，而且感覺多麼疏遠。

「我們上一次見你是什麼時候？似乎是很久之前？」他鼓起臉頰說。

接著，他開始喋喋不休地談論他回到伊斯坦堡，以及孩子多麼喜歡見到祖父母。他談到塞西莉沒有真的理解他對家人的義務，他猜想這是因為他們沒有好好談論到文化的差異，之前應該要好好談的。此外，他還談到他的小孩是混血兒這件事讓他父母很生氣，因為他們夫妻倆沒把小孩培養成優秀的穆斯林。這些都是重要的事件，但我們之前從沒討論過，他的語氣顯得很不以為意，很像場面話，明顯地讓我覺得他拒我於心門外。他讓我感覺自己很愚蠢——我擔心著他們，但他好像完全沒事，現在他或他們夫妻倆不需要我提供任何協助。我觀察到他塑造這樣的形象，也明白他的冷靜很可能是因為療程暫停了一陣子的關係，以及他面對這個情況的反應，所以我以開放的心態看待接下來可能發生的事。

最終，他沉默了下來，好像知道自己在浪費時間。現在太陽落下，來到我視線所及之處，當我在陽光中瞇眼看他的時候，我看到他臉色已沉，突然間看起來很疲倦和悲傷。

「卡馬爾，我明白你遇到很艱難的處境。我知道對你來說，認為自己把一切都處理妥當的感覺很重要；我知道你不喜歡覺得自己一團糟且需要幫助。」

他對我露出溫暖的微笑，對於我的解釋，他美麗的棕色眼睛周圍都笑出皺紋，似乎是覺得很有趣。「或許吧，你可能有幾分道理，但我相信你知道我現在必須穩住情況。塞西莉目前驚慌失措，所以我必須處理，對吧？我最關心的是小孩，受苦的會是小孩，對吧？我需要待在他們身邊，對吧？」

我什麼也沒說。他正在尋求確認，但我不能給他確認的回答。

「塞西莉和法蘭祺分手了，我們正在搬家。我已經把我們的房子放到市場上出售，我們已經取得共識，那就是最好與法蘭祺維持一些距離。」他解釋說，注意到我臉上略有懷疑的表情。

我不知道該說些什麼，這個行動計畫看似非常篤定，這是卡馬爾的處理方式嗎？其實卡馬爾處理事情通常非常猶疑。塞西莉確定要這麼做嗎？卡馬爾也這麼確定嗎？不過我覺得，如果我直接挑明問他，他只會推託問題。

「聽起來自從我上次見到你們後，你們都做出了一些重大的決定。我知道你想讓我看到目前事情都妥善處理好了。」

我覺得他在評估要繼續戴著假面具，還是要敞開心門與我交談，他在兩者之間猶豫不決。最後他譏笑地說，「都處理好了？」然後看著我，好像我說了很愚蠢的話。「沒有，問題沒有『處理好』，每天都有新變化，實際上這讓我抓狂。前一分鐘，塞西莉還在家裡哄孩子上床睡覺、讀故事書，當個好媽咪與好太太，然後——砰！她消失了，我們會有好長一段時間看不到她……」他說話的聲音越來越小。

「對你來說，這一定很不好過，卡馬爾，一定很難熬。你肯定很難搞清楚你想要的是什麼？」

他點點頭，我們沉默了一會兒。

「她跟你說了，是不是？」他不是在提問，所以我等他繼續說。「我對這件事很生氣，我認為你不需要知道。」我感到很困惑，他是指她的外遇，還是指他的性障礙？我把頭偏向一邊，露出不確定的表情。「我是指小孩的事，關於他們是怎麼生出來的。」他澄清說。

我點點頭，「是的，她跟我說了這件事。」

他又沉默了。

「談這件事對你來說太痛苦了嗎？」

他以銳利的眼光看我，彷彿在估量是否可以信任我。他一陣猶豫後開始談起，他說遇到塞西莉以前，他在性方面從沒出現問題。他交過很多女朋友，也有過很多一夜情，性生活基本上都正常，但他與塞西莉的情況就不同了。遇見她之前，他從沒真正關心過任何人，他所有的戀情都持續不久，交往都沒超過幾個月。他老實說，他不認為自己是一個好男友，因為他向來不對女友忠誠。他經常旅行，在亞洲工作過，從不想和誰認真談感情，直到他遇到了塞西莉。那時他剛從北京回來，離開了令人討厭的工作，在那裡他非常孤獨。當他們見面時，她的情況不好，她吸食很多毒品，還剛剛和男友分手，前男友對她很壞。然後他們在一起幾個月後，她的母親罹患癌症去世了，這使他們變得非常親近。我輕聲地問他，是不是從那時候開始，性生活就發生問題了？

「或許是，嗯，是的。我不知道為什麼，但沒錯，大約是那時候。她媽媽生病的時候，我覺得壓力很大。」

「也許你覺得要保護、照顧塞西莉，不該為了自己與自己的快樂而活？」

「嗯，一直以來就是這樣，不過我不介意。」他很快地向我保證。

「你真的不介意？」我問道，「我想也許你是介意的，你不願意做愛，或許是你『抱怨』的一種方式？因為你們之間很不平衡，可能你也感覺很不公平。」

他看起來若有所思，我們的晤談超時了，我得硬著頭皮告訴他我們必須停下來，即使感覺晤談好像才剛開始。他迅速起身，臉上擺出笑容，頭也不回地離開了我的辦公室。我能聽到他跑下樓梯，故意三步併作兩步地快步行走。

我打開筆電查看電子郵件，但有些事情在我腦海中縈繞。當我在一九八六年申請成為婚姻指導顧問時，有人問我，這項工作最大的挑戰會是什麼？這個問題不難回答，我才剛熱情地投身女權主義的運動，多年來為了婦權經常加入抗議遊行，並且參加爭取婦權的會議和提高婦女自我意識的團體。我當時告訴遴選委員會，我擔心自己無法應付那些要求性生活、欺壓妻子的跋扈丈夫。但是，因為某些因素，這些人幾乎沒出現在我的諮商室裡。相反地，在我的職業生涯裡，大部分遇到的是相反的情況——憤怒、指責的女方，以及有點順從、但情感疏離和退縮的男方。在這種情況中，我們再次看到了非常明顯的權力差異。如此隨和又冷靜的卡馬爾，似乎把權力讓給要求很多又熱情的塞西莉，但真的是這樣嗎？

在我看來，夫妻之間怎麼展現權力，似乎成了夫妻性生活表現的核心。夫妻可以各自擁有權力的領域，在關係中雙方都有「影響」的權力，性生活通常只是巧妙觸及這些問題的另一個場域。在理想情況下，「領導權」會交替切換，每位伴侶輪流掌權，透過這種一來一往的舞蹈達到一種平等。在這種情況下，夫妻雙方最看重的是能帶來新思想、新想法、新計畫和性快感的創新交流。**當兩人關係停止發展，變得僵硬和缺乏彈性時，夫妻的性生活似乎就會出現問題。在這樣的婚姻關係中，每位伴侶所扮演的角色變成固定的，那種自然的給予與索求、強勢**

與脆弱、優點與缺點的消長律動都消失了。

下週塞西莉和卡馬爾抵達時，他們看似比平常更加悶悶不樂。塞西莉得了重感冒，手裡拿著面紙，就連卡馬爾的氣色也沒平時那麼好，他們互相看了看。

「你開始說吧。」塞西莉說。

卡馬爾於是開始說，他先解釋了塞西莉心情有多低落，對她來說，事情是多麼艱難。我打斷他，指出他說的是塞西莉的感受，而不是他自己的。

「他老是這樣，」塞西莉說，「他從不談自己的事，他從不感到心情低落，他從不發脾氣。卡馬爾，你就像個該死的機器人，即使現在我們發生這種情況，你也好像都沒事，好像一切都很正常！」她的聲音因為痛苦、沮喪而微微顫抖。

「我不知道你想要我說什麼，塞西莉。並非所有事情都需要變得很戲劇化，我和你不一樣。當我沒得到想要的東西時，我不會大哭或表現得像個小孩，但我確實過得不好，他媽的，我真的過得不好。對吧？對吧？」

塞西莉驚恐地睜大眼睛——卡馬爾把努力控制住的沮喪和憤怒給釋放出來。

我開始更了解他們之間發生的事情，更了解塞西莉在面對令他們雙方都不滿的情緒時，她採取的表達方式，以及她如何看待雙方都有的醜陋、自私和依賴。卡馬爾否認自己的這些負面感受，成為全能的英雄奉獻者；而塞西莉則在感情和衝突的泥沼中掙扎，表現出自私，同時也為這種自私感到內疚。

他們互相瞪著，我第一次看到他們眼裡的恨意。

「我想你們都被困住了，被那種不堪的醜陋感和內疚感給困住了。你們擔心如果選擇分開，將永遠無法平復你們的內心，小孩更將永遠受傷而難以復原。」

他們看起來很痛苦，淚流滿面——恨意消失了，他們的感受轉變得真快。

「我不想傷害你，卡馬爾。」

「我知道，我知道。」

我能感受到他們的辛酸，這當中有幾分真實性。他們沉默片刻後，悲傷消失了，惡毒的恨意又出現了。

「也許你應該跟別人約會。很顯然地，你有問題。」卡馬爾飆罵著。

「你認為我是同性戀是個問題嗎？卡馬爾，天啊，你聽起來跟你愚蠢無知的母親一樣……」塞西莉嗤之以鼻。

「維持這種辛酸的關係是多麼地困難。」我指出。

卡馬爾看著我，「小孩會被嚴重影響嗎？我現在只關心他們！」

「這取決於你們如何分手，以及分手後你們如何處理事情。」

我向他們談到這方面的研究，以及小孩如何從父母的離婚中復原。父母分手後的關係，依然會對小孩產生很大的影響，如果他們互相合作，避免衝突和指責，小孩可能就應付得來。我還提到，如果他們對彼此充滿怨氣和憤怒，繼續在一起不一定會比較好。

一週後，卡馬爾獨自前來，因為我們一致認為他們單獨來晤談效果可能會更好。當他走進房間時，他遞給我一個印有紅色小公雞的粗麻布袋。

他一邊努力脫下夾克，一邊點頭表示「給你的」。

我疑惑地看著他，把布袋放在門邊的地板上。

「雷尼爾櫻桃，這是最好的品種。我們進口這些櫻桃，今天剛到貨。產季非常非常短，可能只有三個星期。」

我笑了。

「我想說聲謝謝，我覺得我們夫妻倆的狀況好多了。我想我們都知道，我們會離婚。」他停頓了一下，「沒事的，我們下週會一起來——我們想討論該怎麼對小孩說明，不知這樣是否可行？」

「當然。」

「我還想談談我的……困難，你知道的，性方面的困難。」

我點點頭。當我往下看時，我可以看到粗麻布袋和紅色公雞的圖片從我眼角閃過，我突然意識到，這是男性性能力明顯的象徵。

「那次我自己來晤談時你提到，我的問題可能是因為我在生塞西莉的氣？」

我點點頭。

「我不確定這麼說是否正確。」卡馬爾停頓了很久，我等著他說更多。

「我大約十五歲的時候，被我媽發現我在看色情片。」他環顧房間，似乎在尋找一條逃生路線。

他猶豫地告訴我，他在看的是哪一種色情片，雖然他很吃力地想要解釋清楚，但我逐漸明白，影片基本上是亂倫的內容，涉及一個男孩和他的妹妹。他的母親很憤怒，說他有病，甚至很變態。從此以後，他覺得母親就用異樣的眼光看待他。我們談到了他的羞愧，他想知道這個經歷是不是讓他對性行為感到「奇怪」的原因之一。他本來就經常為了性行為感到愧疚，當他不試著與塞西莉做愛時，他會內疚；而當他們做愛時，他則是非常內疚。

「你從沒跟我談過你妹妹，卡馬爾。」我說道。

「沒說過，我們處得不好。她回到了伊斯坦堡，住在我父母家附近。即使我們去拜訪父母，也沒有見到她。」

他跟我說，賈斯米娜比他小一歲，一直是家裡的「弱者」，並用這一點來操縱他父母。她總是抱怨，讓人很頭痛，但他父母非常寵愛她。

「你小時候需要照顧她嗎？」我問道。

「不算是，我媽媽不信任我。我對我妹妹太刻薄了，我對她不夠好，還會打她或拿走她的玩具，我經常因此惹上麻煩。」他笑了起來，「她可以任意擺布我父母……到現在仍然如此。」

「你覺得她是最受寵的孩子？爸媽更喜歡她而不是你？」

「媽的絕對是！我媽總是跟我說，我要更向她看齊，要對她好一點。」

然後他羞愧地說，「色情片……跟她無關，裡面的女孩不像賈斯米娜。」

我們沉默了一會兒，我們倆都在思考這個線索，然後我說：「卡馬爾，我覺得你的『症狀』包含了很多東西。你對塞西莉有複雜的感覺，覺得自己經常要對她的需求讓步，也許就像父母期望你對妹妹一樣。你愛塞西莉和妹妹，但有時也恨她們，你有這種複雜的感覺嗎？」

他點了點頭，「塞西莉和我妹妹有很多共同點，不是外表看起來像，但某方面她們都非常……」他想著該怎麼說，「……非常難以相處，也很脆弱。」

「也許，當你想要和塞西莉做愛時，你認為她是脆弱的。某部分的你，不確定想做愛的感覺到底是代表愛，還是代表破壞？你的陰莖是好東西，還是壞東西？你還帶給我一大袋的櫻桃，上面有一隻大公雞。」我笑著說。

他笑了，然後專注地看著我，「我想我媽認為性就是一件壞事，對女性來說特別是壞事。」

「嗯，你從你媽那裡收到這樣強烈的訊息。當你不和塞西莉做愛時，你是在保護她嗎？或許你也用懲罰的方式，不給她某樣東西？」

我希望能告訴各位，這些晤談結束後，一切都整理好頭緒了。但**心理治療不是這麼一回事，每進一步，往往就會退後好幾步。心理治療以螺旋的方式進行，來回循環，一邊修補舊的衝突，一邊又要忙著處理新的挑戰**。榮格在《榮格文集》中說得好：「我們幾乎免不了會感受到，潛意識圍繞著一個中心，螺旋式地打轉，然後逐漸接近中心，而中心的特點越來越明顯的過程。」

塞西莉和卡馬爾繼續接受心理治療六個月，然後塞西莉搬出去和法蘭祺同住。在那幾個月，他們哭了很多次，也逐漸變得溫和，並且更堅定地共同努力，確保小孩盡可能受到保護。最後幾次的晤談，他們單獨前來，我感覺到他們倆都鬆了一口氣，一切都結束了。塞西莉似乎更踏實、更快樂；卡馬爾則略帶緊張地告訴我，他已經開始跟一位女性工作夥伴約會，對方年紀比他小很多。

在這六個月裡，我一直不太確定他們的結局會如何。他們會找到繼續在一起的方法，還是會分開？當伴侶處於即將分手和繼續在一起的邊緣時，我總是覺得很玄妙。無論一段關係怎樣令人失望，我永遠不知道何時會有人跨出界線，從身處於一段關係中，站到另一邊來脫離這段關係。對我來說，比起怎麼相愛成為伴侶，要怎麼脫離關係的過程更奧妙。有時候，伴侶不想走到分居這一步，最後卻還是坦然接受，因為兩人的心早已不在，分居與否並沒有太大的影響；反而在分開後，各自變得更做自己，減少了彼此的糾纏。也有時候，伴侶並沒有徹底分手，儘管他們各自搬到新家，有了新的伴侶，甚至生了更多小孩，他們卻永遠無法完全對彼此放手。

7 無法原諒關係中的叛徒

羅妲給自己吃毒蘋果

羅妲在接下來的二十分鐘內，
談論了蜜雪兒與她做的各種不可原諒的事情。
她感到被人背叛和委屈，
也對蜜雪兒「逃過懲罰」感到憤怒。

我剛從復活節假期回來，這封電子郵件就出現在收件匣中：

親愛的蘇珊娜：

我女兒跟我說，我需要看心理醫生。我上網找到你的名字，請問一次晤談收費多少？

祝好。

羅妲

我回信：

親愛的羅妲：

感謝你的詢問。我們可以在下星期三的十點十五分碰面諮詢，我的診所在安妮女王街。這樣方便嗎？

我的費用是XX英鎊。

祝好。

蘇珊娜

一個小時後，我收到了回信：

我考慮一下。

潛在案主來信詢問後，沒下文就消失的情況雖不罕見，但直接表現出他們的矛盾心理則比較不尋常。老實說，這有點新鮮。我記得幾年前，一位資深同仁表示，對方若在第一次接觸時就開始治療，後來我們一定會發現案主的心態是最矛盾的。我工作過的各個診所中，都預期至少有三分之一的詢問不會進行到下一步的心理治療。

然而，幾天後我的收件匣收到這封電子郵件：

我考慮好了。

我會按照你的要求，在星期三上午十點十五分抵達。

請提供你的銀行帳戶資料，以便我支付給你所需的費用。但我必須說，你的收費對我來說很昂貴。

祝好。

羅妲

由於這種交流很直接，週三早上我懷著恐懼（和好奇）等待羅妲的到來。我笑著打開門，示意她進來，因為她似乎站在門邊猶豫不決，她沒有回以微笑。

「你想要我待在哪？」她問道，「我應該躺在那兒嗎？」她指著我的沙發。

「今天就先坐著，好嗎？」我建議著，她尷尬地坐在椅子邊，瞇起眼盡可能仔細打量我。她身材嬌小，優雅而健壯，留著銀色的短髮。她的雙手交疊在膝上，看起來強而有力，目標明確。

接著，她像是開始了一場準備好的演講，並斬釘截鐵地告訴我，她認為我不太可能幫助到她。她會來，只因為她女兒塔瑪認為這是個好主意。她多次提到我的費用很貴，有次甚至直接問我，為什麼費用會這麼高。我跟她說，這是我一貫的收費，但如果她的財務陷入困境，我們可以討論費用的問題。她不屑地揮了揮手，最終勉強跟我說，她到底為什麼會來我的諮商室。她的問題點在她兒時的朋友蜜雪兒身上——她們的母親是親密的朋友，所以她們在襁褓中就認識對方了，但她現在已不再與蜜雪兒聯繫。從她轉述的內容看來，她一生中大部分的時間都和蜜雪兒形影不離。然而她們鬧翻了，羅妲把蜜雪兒從她的生活中徹底切除。當我評論說，歷時這麼久的友誼變成這樣，一定很令人難過，羅妲不以為意地嗤之以鼻。

隨著晤談的進行，以及我更深入地挖掘，羅妲描述了蜜雪兒是如何做出不可原諒、背叛別人的事。但是當她談到是什麼事導致她們疏遠時，她會變得越來越生氣，而且內容越來越不連貫。

「我這輩子從來沒有用她對我說話的方式跟別人說話，她說話的方式根本很粗魯，真的很粗魯……」她努力想出適合的字眼，「粗魯！」

我不禁想到，這多麼諷刺，她用來形容蜜雪兒的字眼，我一直認為適合用來形容她自己。

羅妲的敘述冗長而曲折，但最後我開始清楚了解到她們之間發生了什麼事。蜜雪兒雖然是羅妲最親密的朋友和知己，但她們的友誼也起起伏伏。這些年來，她們因為破掉的花瓶而撕破臉，或是因為假期訂好後又取消而吵架，她們也曾長達一年沒說話，只因為羅妲對蜜雪兒新的寵物狗很感冒。但當羅妲的丈夫離開她時，蜜雪兒和羅妲重新建立了友誼，又變得非常友好和親近。

「聽起來，當你遇到很糟的情況時，蜜雪兒是你會求助的人。」我輕聲地提出見解。

「不是！」羅妲勃然大怒，「我們只是一起出去玩，她單身，我突然變成獨自一人，所以……找她很方便。而且我遇到的情況也不是『很糟』。我的丈夫是個白痴，他離開的時候，坦白說那真是太棒了。」

我不知該怎麼回答她，但我注意到她聲音中的憤怒與輕蔑，以及當我試圖談到她柔軟的一面時，她都會極力抗拒。

「正如我一直向你解釋的，蜜雪兒的問題是她非常傳統，她非常挑剔，而且很愛批評，」羅妲總結說，我用好奇的眼神看著她，鼓勵她繼續說。「她不認同奈傑爾。」

「奈傑爾？」

「當我開始和奈傑爾約會時，她認為是……」她聳了聳肩，「不對的。她不贊成外遇。」羅妲翻了個白眼，坐了回去，等我說話。

「這就是你不再和她說話的原因？」

然後她解釋說，蜜雪兒會迴避她，不請她吃飯。蜜雪兒每週五晚上都會做一頓豐盛晚餐，過去羅妲經常參加，但現在她突然變成「不受歡迎的人」。

「她清楚表達她的感受，雖然她可能沒直接說什麼，但我不笨——她像對待賤民一樣對待我，她對待奈傑爾的態度更糟。」

「你跟她談過嗎？」我問道。她輕蔑地看著我，彷彿我的問題很可笑，然後無視我的詢問，繼續說她的故事。

「每年我們都會去我在懷特島的房子，包括蜜雪兒、她的家人與我的孩子，我們已經這樣很多年了。然後，因為奈傑爾要來，她就不想來了。結果因為她沒有來，她的孩子也沒來。」

「她沒來是因為她不喜歡奈傑爾嗎？」我問道，試圖把故事弄清楚。

「不是！因為她不認同。因為他，這個嘛，可以說是已婚了。但大多數時候，他根本沒和妻子住在一起，所以我不懂她為何會如此愚蠢地大驚小怪。」

她接著解釋說，她認為自己完全不能接受蜜雪兒的行為，所以她跟蜜雪兒說，她們的友誼已經告吹。我問羅妲，蜜雪兒是怎麼看待她們的絕交，羅妲不屑地說蜜雪兒哭了，非常激動。

「反正，她的反應有點激烈誇張，她總是對事情大驚小怪的。她每年都會寄給我一張生日賀卡，裡面寫些愚蠢的感傷文字，我不懂她何必白費力氣，簡直是荒謬地浪費時間和金錢，她似乎無法明白我們不再是朋友了。」

她說的「每年」聽起來很突兀，我開始想，這場爭吵已經發生了多久。

「這是多久以前發生的事，羅妲？」我問道。

「十年，也許十一年。我真的記不清楚。」

「哇！」我驚呼，掩飾不住自己的驚訝，「好吧，那是相當長的一段時間。這讓我想知道你為什麼現在會來，為什麼你的女兒認為你現在需要來？」

「她認為我很在意。」

「在意蜜雪兒？你是嗎？」我問道。

她沒回答我的問題，而是在接下來的二十分鐘內，談論了蜜雪兒與她做的各種不可原諒的事情，從而讓我知道了答案。她感到被人背叛和委屈，也對蜜雪兒「逃過懲罰」感到憤怒。她女兒因為與蜜雪兒的孩子保持密切聯繫，所以也被她批評，而且他們繼續在她面前慶祝生日和聖誕節。

「我女兒希望我和蜜雪兒和好，這樣她就可以邀請蜜雪兒參加婚禮。」

「婚禮？」

「塔瑪即將在聖誕節結婚，」她草率地回答，好像我不知道她女兒要結婚是我很遲鈍似的。

背叛有許多種形式，會發生在戀人之間、同事之間和手足之間。但女性朋友

間的背叛似乎特別令人理想破滅，且難以恢復。多年來，我觀察到女性關係的特質與這些友誼的特性。隨著女性變得成熟，並放棄對理想情人的幻想——知道不會有無私的英勇王子會無微不至地照顧她們，當她們面對了這個事實，了解到自己的情人不是也不能好好照顧她們時，她們似乎常常轉向朋友來彌補，尋求那種毫無疑問、無條件的特殊關懷。通常，女性之間的友誼是透過鏡像和協調來相互確認的，以保護彼此免受嚴酷現實的影響。在這種令人安心和志同道合的狀態中，女性友誼試圖恢復浪漫的理想，提供一個遠離失望和限制的舒適泡泡。但這種友誼不容易維持，當一方比另一方擁有更多時，就會出現嫉妒；當泡沫破裂時，就會釋放出復仇的憤怒，因為那種心照不宣的友情契約是不容許質疑、不認同或挑戰的，一旦契約遭受破壞，發自內心的仇恨會取代浪漫的情誼。

很多年前，我曾經有一個自稱是女巫的案主。她按照節氣過生活，養了很多貓，而且一直以來都穿黑色衣服。她以製作、販售陰莖和陰道形狀的蠟燭為生，同時還編寫個性化的咒語在網路上銷售。她的顧客大多是女性，有一次晤談時，她送給我一系列印有詛咒的卡片。

藉著女巫的氣息
以及讓天色變黑的風暴
我喚起我的憤怒
祝你受到嚴重傷害

因為你的眼光有問題
你的心地不善良
我喚起我的憤怒
讓你嫉妒的眼睛失明

當黎明破曉
陽光普照時
我不需要我的憤怒
我不會感到缺乏

但親愛的，你會受苦
在你發狂的心思中
蒙受嫉妒、恐懼和黑暗
蒙受惱怒和束縛的內疚

在羅妲決定不再需要我的心理治療之前，我與她見了十幾次。她把我當成聽眾來抒發怨恨，而不是找我尋求解決方案或療癒的途徑。我努力鼓勵她去探索自己為什麼心事如此繁多，或許可以將她與過去的失落感或背叛感連結起來？對她來說，與蜜雪兒的爭吵是否象徵什麼未竟之事？但我一無所獲。她喜歡她的憤怒，喜歡和我分享她的不滿，彷彿她看不到那顆閃亮復仇紅蘋果裡的毒藥。

當我努力幫助她放下過去時，我逐漸明白她受到背叛的感覺已經成為她這個人的一部分。若要以任何方式改變她對蜜雪兒的感受，以及擺脫或減輕這種不滿，就意味著要面對和為她的損失感到悲傷，這是一件她不敢做的事。她為了怨恨而浪費的每一年都必須被證明是合理的，因此她對蜜雪兒的憤怒和痛苦就得年復一年地增長。所有這些仇恨為她的立場提供了氧氣，我覺得她堅持不懈地拒絕哀傷和寬恕，是在試圖摧毀她對愛的需要。

在聽了她好幾個星期的苦澀抱怨後，我開始把羅妲想像成查爾斯·狄更斯（Charles Dickens）小說《遠大前程》中的郝薇香小姐，這個角色是個傲慢和苦毒的老處女，因為她被情人背叛，所以永遠放棄了人生。郝薇香小姐善妒又很會隱忍，她訓練年輕的養女艾絲黛拉憎恨男人，並玩弄他們的感情，從而扼殺了她愛人的能力。「但是，她把白天的陽光摒於門外，也把世間萬物全都摒於門外；她與世隔絕，也就隔絕了自然界豐盛的療癒能量；她孤單地獨自沉思，腦袋已經出了毛病……」

我覺得羅妲也是滿腔嫉妒，就像白雪公主中的壞皇后一樣，她在復仇時，自己中了毒，而且對人也很惡毒。

我以前也遇過這種難題，意識到這種情況如果頑強地控制案主，情況會是多麼淒慘。**這是一種對心理報復的上癮，這種報復對她的打擊，遠大於對她仇恨對**

象的影響。我指出，她的報復情緒似乎讓她窒礙難行，相較之下，蜜雪兒重新建立關係的嘗試聽起來仁慈且充滿希望，羅妲卻似乎在承受可怕的痛苦。她的憤怒已經變成一種毒藥，荼毒了她的一生，現在還讓她面臨與女兒嚴重鬧翻的險境。我試圖幫助她明白，如果這種行為是在自討苦吃，那麼報復是沒有意義的。

「羅妲，你好像不在乎是否傷害了自己，你只是持續在幻想你能報復蜜雪兒。就好像你每天都開著全新的寶馬去撞她的花園外牆，她的牆可能會被撞壞一兩塊磚頭，但你卻不斷地撞毀自己的新車。」

但我所說的一切都沒有打動羅妲。她維持原樣，讓人無法觸及到她的內心，並且似乎沒有回頭看一眼，就結束了她的心理治療。

8

慣性劈腿的花花公子

唐璜變得成熟且安定了下來

他已經快四十歲了，不是第一次發現自己陷入了多角關係。
他有一個交往三年的現任伴侶葛雷琴娜，
卻又和另外兩個女人糾纏不清。
他不是同時跟三個女人交往，也至少會跟兩個女人交往。

雖然詹姆斯有著浪蕩子的名聲，但他其實是一個相當不起眼的案主。他在七月下旬用簡訊和我聯繫，說他讀到我在報紙上寫了一篇關於不忠的文章，這讓他非常震驚，因此來詢問是否有機會可以跟我談談。我回答說我目前沒空，但我九月度假回來時，可能會有一個空出來的時段。「你可以等嗎？」我問道。他馬上回覆，說他很樂意等待，而且他真的很期待見到我。

我喜歡假期，許多心理治療師把他們的假期排在與學生的寒暑假同時。然而在漫長的暑假來臨前，心理治療師可能已經非常疲倦了。在漫漫一年結束之際，每個人自然都會感到疲憊，也很容易遇到棘手狀況，所以很多長期的案主會在八月休假前，終止與我的心理治療。因此，想到自己可以放一個月的假，除了越來越多的興奮和期待之外，也時常會感到一絲悲傷，因為與我一起長期諮商的個案會結束親密的晤談。

眾所周知，心理治療師在一年中的兩個時間點有最多的轉診：暑假後的九月，以及聖誕假期後的一月，而今年的九月也不例外。潛在案主希望與我預約，訊息塞爆了我的電子郵件和電話，詹姆斯也友善地提示了我好幾次，提醒我「承諾過」會在假期後見他。

詹姆斯的文字讓我期待他是個充滿活力和魅力的人，但當他進入我的諮商室時，他似乎相當不起眼，是那種你在街上擦身而過時不會多看一眼的人。他似乎沒有洗頭，而且頭髮稀疏，穿著不合身的衣服，運動鞋沾滿了陳年汙垢。他看起來有些駝背，而且相當脆弱。

他告訴我他想來，是因為有次在下班後的聚會上，他朋友形容他是「一個比鮑里斯・強森（Boris Johnson）* 還要花心的情聖」。眾人哄堂大笑，雖然這群人全是男性，他們似乎覺得這個描述沒有惡意、只是開個玩笑，但詹姆斯卻感到非常不舒服。那天晚上回家時他覺得很難受，整夜無法入睡，這種難受和睡眠困擾就從那一晚開始持續至今。他長篇大論地講到他以前很容易入睡，通常不需要顧慮任何事，但從那晚開始，他真的無法安心。

* 英國前首相，根據媒體報導，多次在婚姻中發展婚外情。

我試著和詹姆斯一起探討，為何他對別人隨口說的一句話會感到不安。難道這也是他真實的想法，覺得自己就是個花花公子？但是，他真的這麼認為嗎？還是某種程度上他覺得被羞辱了？

他仔細聽了我的話，卻似乎無法確定他感到這麼苦惱的原因，也很難判定人家拿他跟輕浮的強森比較是否合理。「我就是不明白，通常我會一笑置之，不受影響，但這次真的令我很難受。」然後他給了我一個大大的微笑，並補充說：「我希望你能告訴我原因。」

人們會「劈腿」的原因很多，但根據我的經驗，通常是伴侶之間出現了問題。劈腿可能反映出伴侶有著無法共同解決的問題，而背叛有時就是顯著的示警徵兆。另一方面，也可能反映出某一方對伴侶的依戀減弱，或是即將轉換戀情的過渡期。然而，詹姆斯持續劈腿似乎與他女友沒有太大的關係，最主要還是與他在親密關係中的障礙有關。

接下來的晤談像是蝸牛慢行，非常生硬，有時還有一種相當難以忍受的尷尬。我提出的建議似乎沒用，我的沉默又好像會使他感到不安。接近尾聲時，我討論了收取的費用、與他定期諮商的時間，以及開始治療的其他行政細節。我說，我們似乎很難弄清楚到底是什麼感覺讓他晚上睡不著，但也許我們可以再次見面，以便進一步的諮商，繼續去尋找原因。此時，他的精神立刻來了，堅定地說好，他一定會再來的，一切的安排都很好，他下週會來見我。

他離開後，我記得一開始我不確定自己是否真的想再見到他。我嚴重懷疑他能否好好接受治療，我懷疑我們是否「合得來」。雖然第一次晤談時，詹姆斯沒讓我滿懷期待，卻讓我好奇個中原因。因為在電話和簡訊中的他，似乎非常積極回應且迷人，然而在晤談時，他表現得相當沒吸引力，更缺乏個人魅力。我以不冷不熱的態度對待他，是否也反映出他內心深處覺得自己不受人疼愛的意識？

令我驚訝的是，第二次與他見面時，與第一次碰面的觀感完全不同。這一次，詹姆斯穿著一套剪裁精美的西裝，儘管頭髮很稀疏，但他看起來體態輕盈，而且一身精心打扮。由於這時是九月天，天氣還很溫暖，他立即脫下夾克，露出一件精緻的襯衫，我注意到這件襯衫完美地勾勒出他精壯的身材。我猜想這件衣服是手工製作的。當我們開始交談時，我幾乎無法認出來，詹姆斯是一週前我遇到的那位很脆弱、沒有定見的人。很快地我就感覺到，他看起來是多麼具備存在感，他顯得不那麼脆弱了，而且相當有自信。我越來越清楚，詹姆斯有不同的兩面，而他決定向我展示這兩面：一個是不討人愛、不可愛的詹姆斯，另一個是現在這個自信、閃亮的人。哪一個是真的，哪一個是假的？

他坐下來並小心地抬起腿，以保護褲子硬挺的摺痕，接著就開始講起自己的故事。他說，他已經快四十歲了，不是第一次發現自己陷入了多角關係。他有一個交往三年的現任伴侶葛雷琴娜，卻又和另外兩個女人糾纏不清。他解釋說，他從來沒有過真正的一對一關係，就算不是同時跟三個女人交往，也至少會跟兩個女人交往。女友經常發現他劈腿，因此他常常被甩。他很少自己結束一段關係，通常都是女方跟他提出分手。

「你被『甩』的時候，你會介意嗎？」我問道。

「不太會，」詹姆斯爽朗地說，「會有點令人難受，但我通常在快被甩掉的時候，已經又開始與別人調情了。」

他解釋說，自己對「把妹」上癮，他覺得亂來不好，但他欲罷不能。他想知道，對他來說，問題是否一部分出自葛雷琴娜，因為她有點不同，她很特別。

「她對我太好了，蘇珊娜。和她在一起肯定會讓我的體重飆高。」他笑著說。我注意到他的牙齒非常潔白整齊，似乎代表了他將黑暗面隱藏在光滑迷人的表面背後。

「不過，危機即將來臨了。她一直在巴黎工作，但她的合約即將到期，她期待回到倫敦後，能搬來跟我一起住。」他揚起眉毛，扮了個鬼臉，彷彿這是一個荒謬的想法。「我們交往這些年來，一直在討論和計畫這件事，這已不是新聞了。」然後他又笑了，露出那副完美的牙齒。

「關於她要搬進來這件事，你還沒說出你的感受。」我這麼說，鼓勵他再深入一點。他對我會心一笑，說他認為自己愛她，知道是時候安定下來共組家庭了，但想到要放棄其他女人，他就感到「反胃想吐」。

「詹姆斯，這和你晚上的感覺一樣嗎？」我問道，「就是這種『反胃想吐』讓你睡不著嗎？」他專注地看著我，好像我說了一些非同尋常的話，而不是指出簡單而明顯的關聯。

「對，」他驚呼說，「現在你這麼說，我就明白了。你認為我無法入睡不是因為葛雷琴娜？也與被史蒂夫說成像強森的事無關？」

「是的，因為你似乎在說，你正處於人生的十字路口。一部分的你想要與葛雷琴娜更接近、給她更多承諾，但另一部分的你不知道自己是否能夠做到。」詹姆斯點點頭，看起來若有所思。

當晤談結束時，我觀察到詹姆士的熱情與他傳達的感謝，使我對這次的心理治療充滿希望。我可以感受到自己的轉變，也因為他變得如此投入和積極合作，我感到很寬慰。的確，我可以看到事情會慢慢地進展——他對自己幾乎毫無洞察力，他很難看出自己的感受和行為之間的關聯——但我現在充滿希望，開始與他進行真正的諮商了。

在接下來的幾週裡，我了解到詹姆斯目前在這座城市工作，帶領著一家很成功的公關公司。他曾是「英雄少年」，賺了很多錢，現在正努力鞏固他早期的成就。他承認，大學時他對古柯鹼上癮，但已經「戒除乾淨」，現在專注在健身房運動，並且正朝著純素飲食的道路前進。雖然工作的事常讓他擔心，但詹姆斯覺得他的生活「非常完美，除了我和女人之間是一團糟」。對此我沒回應，表現得很平靜。詹姆斯說他開始治療前，就決定要對我完全坦誠，他知道如果不把所有事都告訴我，我會無法幫他。

「你必須認識，那個沒人知道的、真正的我，只有你知道。我花了很多時間說服別人我是一個直率、溫馨、正派的人……但我的真面目並非如此。」

我心裡有一部分在猜想，他跟我這樣說，是不是要讓我感到很特別？這是否就是他勾引女人的方式之一？但我專注於詹姆斯對他自己的負面感受，並且覺得他會進入公關行業這件事很耐人尋味，因為這似乎是他與人交往的方式，好像他需要「策畫」他的公眾形象。他同意我的解釋，並說他通常會努力讓人們喜歡他。隨著他分享的事越來越多，我感覺到我們的諮商關係正在加深。

另一方面，詹姆斯經常遲到。我常常會在晤談開始前二十分鐘收到他的簡訊，告訴我他會遲到，或甚至說他很抱歉，但他這次無法赴約。更奇妙的是，他的簡訊有時會請我提醒他晤談時間。這是最令人驚訝的部分，因為我堅信所謂「治療的三個R」：節奏（Rhythm）、規律性（Regularity）和可靠性

（Reliability），這意味著每週我都將個案安排在同一天同一時段進行晤談。我納悶他怎麼會一直忘記呢？

精神分析治療師密切關注他們與案主之間建立的關係，我們試圖注意案主在我們身上引發的感受。我們喜歡他們嗎？我們覺得在白費力氣嗎？我們會覺得彼此各不相讓，要比個高下嗎？**我們注意到自己的這些感覺，因為它們有時是有用的線索，能幫助我們了解案主的內心世界，以及他們不自覺中建立起來的人際交往方式。**

我注意到詹姆斯以兩種方式對待我。有時他讓我覺得自己是非常好的治療師，他可以真正地信任我。在這些時候，他讓我知道我對他來說很特別，我對他的心理治療很重要。但在其他時候，他讓我覺得我的心理治療不是他真正在意的事，他和我沒有關聯，也不想投入我們一起進行的心理治療，而且他隨時都可以從腦海和行程表中放棄晤談一事。換句話說，他忽冷忽熱，我很懷疑這就是他在生活中對待許多人的方式，尤其是與他交往的女人。漸漸地，他開始詳述他與另外兩個女人——多明妮克和瑪西的關係。他已經與她們交往了將近兩年，他承認在很大程度上，這是他交往模式的一部分，他一直以來都至少要有兩個女友。然而，多明妮克和瑪西的戀情卻有別以往，因為她們彼此認識，也都知道對方和他上床。他暴露出這個真相後就沒再多說什麼而沉默了下來，我坐在那兒猜想他是否在講多人性愛。他告訴我的內容，讓我感到有點被戲弄和挑逗的感覺，並察覺到他這種不為人知的生活有一種興奮感。他跟我說的內容能夠激起我的興趣，但他又有所保留，突然間我意識到，他再次把我拖下水，只是為了和我維持一定的距離。這使我感到被拒於門外，有點白費力氣。我注意到他對待我的這種方式，使我更了解他如何吸引女性。也許這就是他逗弄和吸引葛雷琴娜、多明妮克和瑪西的方式？

「詹姆斯，你提到和自己約定好要向我完全坦誠，但我注意到你只告訴了我一部分的真相。你分享了部分內容，然後不提某部分的真相。我想知道你是不是用這種方式，確保我對與你的晤談感興趣，這樣你會有種控制感。我認為你確實需要我的幫助，但你也為了掌控局面，凡事留一手。如果你告訴我一切的事情，那麼也許你會覺得暴露太多了？」

詹姆斯握緊拳頭放在大腿上，大概有三十秒的時間。我讓他自己思考，因為他顯然在仔細考慮我的話，我可以聽到外面的鳥兒趁著夏天結束前的高歌。最後，詹姆斯張開他一邊的拳頭，簡潔地說，「好吧。」

在接下來的幾次晤談中，詹姆斯試著更坦然，這個「好吧」的意思變得更加清晰。他描述了他實際上從未同時與多明妮克及瑪西發生過性關係，但他們三個人一起參加了集體性愛派對，並在看著對方的同時，與其他人發生性關係。他發現這種派對既刺激又令人感到焦慮。他經常擔心自己無法好好地「表演」，但當他做到了，他會感到很興奮、很開心，這會讓他「整個星期都感覺很好」。他不想放棄這種生活方式，他甚至覺得即使葛雷琴娜回到倫敦並與他同住，他可能也無法放棄。

有一天，詹姆斯出現時情緒激動，再次談到他晚上仍然睡不好，以及當他設法入睡時，他還是受到夢的干擾。我請他告訴我，他能記得的任何夢境。起初他避而不談，說他知道這些夢很可怕、很奇怪，但他記不起任何細節。我等了一會兒，然後說：「你真的什麼都不記得了？」接著他才開始描述一個反覆出現、一直困擾他的畫面。

「公園裡有條長長的小路，一邊是樹籬，另一邊是橡樹。我想是攝政公園，當我第一次搬來倫敦時，我曾經在那裡跑步。我知道我很口渴，必須喝個東西。我認為附近有一個噴泉，但我沒看到，雖然我能聽到水在我周圍噴湧的聲音。我一直朝向水的聲音走過去，但我無法靠近，也看不到水聲從哪裡來。我開始恐慌，因為我快渴死了。」他停了下來，皺著眉頭說：「其他的我想不起來了，也許我在那時候醒來了？」

我等了一會兒，看看他是否想說更多，然後問，「你怎麼看待這個夢呢？」

他停頓了一下。

「在那場夢之後，我躺了很久，我無法再次入睡。我對此感到非常不舒服，但這個夢境一直在腦海中揮之不去。」他又停了下來，我們一起沉默不語。然後他說，「夢中的那條小路非常可怕——走到那個噴泉，或不知道那是什麼東西的地方，都是很可怕的感覺。」

我問他，是否知道為什麼他會不確定要不要與我分享這個夢。他似乎對這個夢感到很困擾、很害怕，但我卻必須強迫他說出來。

他說他的夜晚與白天完全不同，他不確定他是否希望我知道他那麼多的事。「在白天，我大致上感覺還行，甚至是很好。但是到了晚上，尤其是睡不著的時候，我覺得……」他努力找尋適當的用詞，「跟你說我被一個愚蠢的夢給嚇壞了，我會覺得有點可悲。」

「也許這就是夢的目的？」我說，他疑惑地看著我，於是我繼續說下去：「也許我是你夢中的泉水？你知道你需要幫助，但覺得尋求幫助是可恥的。在夢中，你迫切需要某個東西，但又害怕走向它。在我看來，這個夢是指你害怕需要我……或者說你害怕需要其他人？」

他專注地看著我，然後只說了，「也許吧。」

接下來的晤談，詹姆斯沒有出現，也沒用簡訊或電話解釋。那天稍晚，我給他寄了電子郵件，說我很遺憾他沒來，希望一切都還好。

三天後，我才收到他的回覆。他留言說他很抱歉錯過了晤談，他必須去紐約工作，現在他人還在紐約，希望下週能與我碰面。他是用這種方式，來迴避他可能真的需要我給他的治療與建議嗎？我認為他是在「收回控制權」，他要讓我知道，我提出「他害怕會依賴我」這種說法太過分了。我可能已經達到了目標，但這不表示他喜歡或可以承受得了這個說法。

詹姆斯只有在我提問的時候，才告訴我一點點他童年的事情。他的父母在他還是嬰兒時就離婚了，到他五歲時他們各自再婚，並有了新的家庭。突然間，他不是獨生子，並且發現自己的周圍都是同母異父的弟弟，以及沒血緣關係的兄弟姊妹。他很多時間都花在來回奔波父親在旺茲沃思的家和母親在沃金的家。從八歲開始，他去念薩福克的寄宿學校，他說他在學校感到最自在，但他從來沒有真正覺得自己歸屬哪個地方。在我們的一次晤談中，他跟我說起在他十一歲的時候，一件發生在聖誕節的事。他本來要和母親與繼父一起過節，但到了最後一刻，情況發生變化，因為他同母異父、還是嬰兒的小弟弟病得很嚴重。他的生父在聖誕節前夕很晚的時候去沃金接他，帶他回到旺茲沃思的家。第二天早上，大家才察覺到他所有的禮物都還放在沃金。他因此沒禮物可以打開，沒有聖誕襪或任何東西，還必須看著其他人拆開他們的禮物。

聽到這段記憶，令我為之動容，這傳達出被排除在外和覺得不受到照顧的極度痛苦。他和我說話的時候沒有哭，但他伸手去拿衛生紙，深深、慢慢地呼吸，好像試圖控制自己的情緒。

詹姆斯從紐約回來後，我們開始更常談到他不喜歡自己需要任何人的感覺。他告訴我，他甚至沒有請打掃阿姨，所以都自己擦地板，因為他無法忍受對方讓他失望。我們探討了他害怕葛雷琴娜讓他失望，我提出也許這就是他需要至少兩個女友的原因，這樣他就可以用「人多比較保險」來保護自己。他有備胎，如果葛雷琴娜不在，他還有瑪西；如果瑪西很冷淡或很疏遠，那麼他還有多明妮克。這樣一來，他就再也不用害怕會失望了。他跟她們保持距離，欲擒故縱，進而使她們需要他，所以他從來不必依賴她們。

晤談時，我們還探討了他為何如此熱衷性愛派對的原因。看著瑪西和多明妮克的春宮秀，有什麼吸引人的地方？這似乎相當令人費解。但在下一次晤談時，他開始談論他的同母異父雙胞胎弟弟，以及他以前會在週末觀看他們的表演。他說，他們非常有才華，小時候都上過電視節目，其中一位弟弟還是傑出的足球運動員；長大後他們表演民歌二重奏也獲得巨大的成功。我在想，在他成長的過程中，他們的成就對他來說是否很難受，他是否感到嫉妒且想跟他們比個高下？

「在我成長的過程中，我花了很多時間去看他們的比賽、他們的表演或其他有的沒的，有時花掉我太多時間，」他笑著承認道，「我試圖做好大哥的角色，但沮喪的是，似乎沒人對我在做的事感興趣。我週末從寄宿學校回家，然後必須去看丹尼踢足球，或去聽一些愚蠢的聖歌音樂會。當我去爸爸家時，我似乎到頭來每次都要去看莉莉的芭蕾舞表演。這對一個十幾歲的男生來說，實在不怎麼好玩。」他苦笑著說。

我評論說，這些事很耐人尋味，他覺得他童年大部分的時光裡，他都是旁觀者。我也提醒他，他向我描述的那個聖誕節，他看著大家都打開了禮物，而他什麼禮物也沒有。我想，這種被排除在外、只能觀看的處境，可能對他來說很痛苦，讓他感到被忽視，好像他並沒有歸屬。

他看著我說，「是的，這正是我這個週末在音樂會上的感覺。我看著我的母親，她真的無法將目光從我弟弟身上移開。」

我們沉默地坐了一會兒，然後我說：「令人驚訝的是，根據你剛才的描述，你似乎在這些性愛派對上也採取了這種旁觀者的立場。」

「我猜是的。」

然後我們談到雖然身為旁觀者很難受，但他似乎喜歡在派對上從旁觀看。

「我認為在性愛派對上你可以掌控一切，」我大膽地說，「你可以把痛苦的旁觀者經驗變成刺激的事情，在當中你有點像在安排所有事，而這就是控制你最害怕的事的一種方式。」

他點了點頭，「最害怕的事？」他問道。

「是的，害怕被排除在外、害怕變成局外人、害怕無處容身……」

害怕被排斥是一種常見的經歷。我記得小時候我是多麼討厭被排除在外的感覺，無論是沒被選入英式籃球隊，還是我一個人躺在床上時，聽到父母在樓下專注說話的感覺。即使是現在，身為一個成年女性，在會議結束的尷尬時刻，人們會擠成一團互相聊天，我總是內心顫抖著，害怕沒有人可以交談，因此我很少等著看自己可以去跟誰聊天。**這種對被排斥的焦慮，源於我們最早意識到的，我們與父母的一對一連結實際上並不是專屬於我們。**父母會「到別處玩親親」，也會陪我們的手足玩遊戲；他們對我們「不忠」，會對別人感興趣和來往。這是多麼令人難受的情況啊！這是多麼嚴重的背叛，我們竟然不是最優先的！這是一個令人震驚、痛苦且可能危及生命的體悟，因為發現這種情況時，我們實際上完全依賴父母。依賴他們提供的食物、住所、照顧，甚至是生命。**對許多人來說，親密關係使這些早期恐懼復活，成人依賴和嬰兒依賴之間的混淆隨之而來。這種混淆激發了對求生的深層恐懼，驅使我們豎起圍牆和防禦來保護自己免受這種恐懼的感受，幫我們避免掉任何可能感到依賴和脆弱的情況。**

以詹姆斯的情況來說，他就發展出一個能隱藏他脆弱的形象，他透過這種形象可以吸引和操縱他的情人，從而保持一種控制的幻覺。但令人遺憾的是，他最害怕並試圖避免的災難，即像嬰兒一樣的絕望和無助，其實已經發生了。唐納德・溫尼科特（Donald Winnicott）是一位睿智的精神分析學家，他用流利的語言描述了小孩的內心世界，他解釋說，當我們在嬰兒期發生創傷事件時，我們是不可能理解和處理這種經歷的。在生命的那個階段，嬰兒根本沒有能力反映、理解與創傷相關的所有感受。因此，在嬰兒期經歷過創傷的成年人，會將這些未經處理的感受帶入成年期，這些感受深藏在他們內心深處，畏懼著將要來臨的災難，而事實上災難已經發生了。

對詹姆斯來說，似乎在他父母的婚姻破裂之時，使他產生了創傷，並因此失去了讓他感到安心和呵護的安全基礎。晤談幾個月下來，當我們探索他的童年時，我強烈地感覺到一個小男孩被他父母踢皮球，他們都全神貫注於自己、他們的新伴侶和新的孩子。他太早就被父母拋在腦後，因為無法應對這些被排除在外和被拒絕的感覺，所以他在內心建造了一座城堡，來保護自己免於受到痛苦。

這種理解是否代表著一個轉捩點？事情的發展似乎和以前差不多，只是他開始談論葛雷琴娜。我第一次感覺到她是一個真實的人，我開始看到詹姆斯對她多麼認真。

危機發生在三月，這是我有點期待的事，事後看來幾乎是不可避免的。那天是星期日晚上，詹姆斯給我傳簡訊，問是否可以緊急見我一面，他無法等到星期四了。葛雷琴娜發現了他和瑪西的事，所以要跟他分手。我回他簡訊，我們同意在星期二見面。

詹姆斯到的時候看起來很崩潰，不是神清氣爽、信心滿滿，而是脆弱、沒人照料的模樣。他馬上就跟我說，他去巴黎找葛雷琴娜。他很晚抵達，所以直接進了浴室，把手機放在廚房的檯面上，而葛雷琴娜正在廚房為他準備晚餐。他的手機發出訊息推播的通知聲，葛雷琴娜拿起來，看到了瑪西露骨的訊息，清楚地表示他們之間有性方面的關係。

這一次在諮商室裡，詹姆斯真的哭了。他該怎麼辦？他把一切都搞砸了，完全沒希望了。他說他找我諮商，是為了把事情搞清楚，但現在為時已晚，他失去了葛雷琴娜。

兩天後，他來到固定時間的晤談。他穿著運動服，說他請了幾天假去巴黎看葛雷琴娜。她仍然在生他的氣，但他覺得有希望能挽回她。他告訴我他又做了那個夢。同樣地，他在公園裡，有一個噴泉，他想喝水，但找不到水。然而這一次，他看到了噴泉，是那種維多利亞時代的巨大分層噴泉。噴泉又亮又白，看起來很脆弱，可能會破碎的樣子。他還是碰不到噴泉，可是他依舊拚命想喝。

我問他，對夢和噴泉還有什麼想法嗎？他說噴泉實際上看起來像一個巨大的蛋糕。「結婚蛋糕？」我問道。他用力地點點頭——是的，就是這樣。

到了七月，也就是我們開始心理治療將近一年後，葛雷琴娜搬進來和他同居。當我九月度假回來時，他迫不及待前來晤談，告訴我她懷孕了。他的內心發生了一些變化，但我們倆都知道，我們一起做的治療絕對還沒完成。

詹姆斯的婚姻之路，與他一生都在努力避免的依賴和脆弱發生了衝突。他痛恨自己、覺得自己太依賴他人又太脆弱，所以他透過劈腿和隨意玩弄女人，來維持著權力和控制一切的幻覺，以為戰勝了自己痛恨的那一部分。在治療中，他的這些不同部分被暴露出來，透過這種被支持和被了解的感覺，他開始理解和接受他對愛和安全的需要，乃是人之常情。

9

默默承受伴侶的謊言與依賴

小紅帽保護披著羊皮的狼

這種不誠實對琵琶來說，就像是一種可怕的背叛，
就像任何外遇一樣不可原諒。
琵琶在第一次晤談時，承認她正在考慮提出分手，
我不禁心想我真的不怪她。

背叛是生活中的事實，我懷疑有哪位成年人未曾感受過這種刺痛。信任某人就得冒著被背叛的風險，了解和接受這點才是實際的信任。但接受所愛的人有時會撒謊、欺騙或讓你失望，並不意味著每一次背叛都可以被原諒。

琵琶和克勞汀是一對四十出頭的已婚同性伴侶，她們來諮商是因為克勞汀這幾年出現一種類似「ME」的謎樣疾病，讓她不時病得很嚴重。三年來克勞汀做了各種檢查，中風、哮喘、多發性硬化症和內耳炎——任何可能解釋為何她有時會失去平衡、跌倒、昏迷或精疲力竭躺在床上的疾病。檢查結果始終沒有定論，最後這對伴侶認為克勞汀患有非典型的慢性疲勞綜合症，或者有時被簡稱為ME（Myalgic Encephalomyelitis，肌痛性腦脊髓炎）。

自行「診斷」出這個結論後幾個月，克勞汀的不適症狀更加嚴重，導致她只能臥床不起，根本無法工作或幫忙家務，這促使琵琶絕望地堅持克勞汀需要進一步的檢測。在家醫的推薦下，克勞汀接受了更多的醫學檢查，卻還是無功而返。沒有任何一個醫療專業人員能夠確定，是哪種潛在疾病導致她精疲力盡、偶爾昏厥，以及其他種種症狀。

幾個月過去了，克勞汀仍然沒有行動能力，一位好友向琵琶建議找一位在巴黎的專家。這位醫生專門治療慢性、失能和瀰漫性等類似困擾著克勞汀的症狀。到那邊看診很貴，而她們的財務並不寬裕，但走投無路之下也只能一試。

在此期間，琵琶一直獨自支撐家計和負擔家事，她不僅要照顧克勞汀，還要照顧克勞汀十二歲的女兒米莉。琵琶擔憂到日漸慌亂，她擔心克勞汀永遠好不了，在沒有確切診斷的情況下，她始終擔心會發生更可怕的事，甚至擔心克勞汀會喪命。

錢終於湊齊了，她們把米莉託付給朋友後，就動身前往巴黎。儘管這趟旅行是為了求診，她們仍然很興奮，畢竟她們從未搭過連接英法兩國的「歐洲之星」，而且兩人已經有好幾年沒結伴出遊了。在第一次看診時，護士取了一些血液和尿液。那天稍晚出爐的檢驗結果，令人既震驚又難過。克勞汀的血液和尿液中，類鴉片藥物殘留濃度非常高。這是異常偏差嗎？這又代表了什麼？

她們度過了一個混亂不堪的夜晚，一方聲淚俱下地指控，一方淚流滿面地否認。但第二天早上，克勞汀在醫生面前，才終於承認她多年來一直在濫用類鴉片的止痛藥。她的用量時多時少，只有在進行檢查時才會完全避免服用這些藥物。她沒有非典型慢性疲勞綜合症或其他未知的疾病，只是藥物上癮了。在這個危機時刻，克勞汀剛從戒斷期中恢復過來時，她們來向我尋求治療。

這種不誠實對琵琶來說，就像是一種可怕的背叛，她告訴我克勞汀偷偷用藥的感覺，就像任何外遇一樣不可原諒。琵琶在第一次晤談時，承認她正在考慮提出分手，我不禁心想我真的不怪她。但琵琶不可能真的提出分手，因為克勞汀面對這種威脅，會退縮到最深沉死寂的沉默之中，嚇得琵琶六神無主。

對伴侶治療師而言，保持中立，並留心當前議題中雙方共同的層面，是一個相當大的挑戰。因為在初期晤談中，我心裡對克勞汀大加責難，另一方面則是很想保護琵琶。但漸漸地，我發現這對伴侶之間存在著一種強烈、無意識的勾結，而這項事實開始變得清晰起來，我可以看出琵琶對克勞汀濫用藥物的行為根本視而不見，只為了避免更糟糕的事情發生。

隨著她們慢慢提起更多往事，琵琶卻仍舊強力譴責克勞汀的謊言時，我開始納悶，為什麼琵琶忽略了這麼多明顯的跡象？為什麼她忽略了共同銀行帳戶的現金被提取出來，卻沒有令人滿意的解釋？琵琶甚至告訴我，克勞汀曾跟她解釋，她在儲藏室後面發現的藥瓶是附近小孩扔進來的，而她居然相信了。那時我不禁心生懷疑，越來越明顯的是，琵琶忽略了所有跡象。但我不太清楚的是，她為什麼要這樣？

我們花了幾星期才觸及濫用藥物和謊言之外的其他事。每次晤談都充斥著激烈的憤怒和羞愧，沒有留下溫和探索的餘地。但在一次晤談中，隨著我對這對伴侶越來越感到困惑，我堅持要她們對背叛一事進行抽絲剝繭之餘得留出空檔，告訴我一些關於她們的童年和家庭的事情。

「我不確定克勞汀是否會願意談這個，是嗎？」琵琶保護性地說道，「不過，我可以告訴你我的事，如果這有幫助的話。」琵琶總是這樣，健談又合作，而克勞汀則通常很沉默。我點點頭，琵琶開始說了。

「天哪，我真的好多年沒想過我的家人了！我偶爾會見到我妹，但我弟和我爸就很久沒見了。我弟住在阿曼。我爸，嗯，他是個真正的怪人。我認為他不想見我，我也不想見他，這是互相的！」她總結並笑了起來。我等著，希望她能說更多，但她似乎認為這樣就夠了，於是用手肘輕推克勞汀讓她說話，「克勞汀的故事很有料，她小時候過得很辛苦。」

克勞汀不像琵琶那樣樂於交談，但還是勉強告訴我，她在童年時期一直進進出出兒童之家，直到十二歲時寄養在迪莉婭家，而後被她收養，她現在視迪莉婭為媽媽。她有許多年沒見過或聽到親生父母的任何消息，但米莉出生時，她和親生母親取得了聯繫。

「那是一個錯誤。我以為她年紀大了會清醒一點，更適合當奶奶什麼的。但以她現在的樣子，我不會想和她有任何關係。」

「你為什麼會被送到兒童之家，克勞汀？你知道嗎？」我問道，心想不知道她小時候受了哪些苦。

「有人告訴我，我第一次進兒童之家大約是一歲。我媽在吸食海洛因，當時她還和我爸在一起。」她停了下來，雙唇緊緊地抿在一起，就像琵琶一樣，很明顯她不想再多說了，所以我沒有逼她。

她們走後，我就上樓了。天氣比我想的還要冷，我得在下一個案主來之前去拿一件開襟毛衣。我披上毛衣，走到鏡子前，那裡正好靠近敞開的窗戶，我可以聽到下方街道傳來響亮的說話聲。我往外一看，琵琶和克勞汀正站在馬路對面一輛破舊的綠色飛雅特旁邊。琵琶的聲音高亢，雖然我聽不清楚她在說什麼，但我能聽出她的語氣；從克勞汀垂頭喪氣的身影中可以看出，她被嚴重訓斥了一頓。

隨著晤談繼續進行，她們分享了一丁點兒時的事情，開始讓我逐漸理解她們緊張而不平衡的關係。很明顯，克勞汀在很多方面都表現得像個孩子。即使是現在，在她聲稱停止濫用藥物後快要六個月了，琵琶還是會把早餐端到床上給她。克勞汀是一名自由編輯，她已經又開始接案，但要完成案子總是千辛萬苦，這時琵琶就會插手幫她，克勞汀會立即退到一旁並允許她這麼做。克勞汀顯然想要——也許是需要——讓琵琶當她的老媽，而表現無助就能引發這種關注。她濫用藥物壓制了痛苦的感受，使她陷入了孩子般依賴的狀態，內心篤定琵琶會好好地接住她。

一個星期二的早晨，空氣很冷，但天空很明亮，琵琶獨自到來，看來克勞汀不肯起床來參加晤談。我對克勞汀感到惱火，聽到琵琶後續的做法我更加惱怒。

琵琶試圖叫醒她、端早餐給她，還送米莉去學校，回家後又端咖啡給她——但一切都徒勞無功，克勞汀就是不肯起床。

「你覺得她有在用藥嗎？」我問道。

「我不這麼認為，不會，她不會那樣做。我相信她不會。」琵琶搖頭說。接著一陣安靜，我看著琵琶認真思索我的問題。

「你為什麼會這麼說？」她的聲音裡帶著不滿。

「好吧，也許我該問你為什麼沒想到這一點？」

「我認為你不明白情況，克勞汀不可能再次用藥，她知道那會讓我心碎。」

我默默地坐著，心知必須等她自己發現不對勁。

「我不知道，我不知道該說什麼。你要我說什麼？」她生氣地說。

「我沒有要你說什麼，琵琶，但我確實注意到，你似乎很難承認，甚至是讓自己去感覺到，你對克勞汀懷有失望或憤怒。對你來說，把矛頭指向我似乎更容易。我很想知道為什麼會這樣？」

「她在努力了，你不懂這對她來說有多辛苦。」

「我明白這對她來說非常辛苦。我的問題是，為什麼你忽略了這對你來說有多辛苦，一直以來都很辛苦？」

她低下頭，我們沉默地坐著。我看著她，想著她看起來多麼疲憊又悲傷。夾雜著銀絲的黑髮勉強綁成一小束馬尾，疊放腿上的雙手看起來又紅又痛，指甲被咬得極短。

「你從來沒真正談起你的童年或家庭，琵琶。」

「我嗎？我有說過啊。」

「不算有，你只說跟他們沒在見面。」

她嘆了口氣，聳了聳肩，「好吧，不是什麼好事，如果你想知道的話。我爸爸過去是，現在也是——一個徹徹底底的失敗者。我有沒有告訴過你，我媽媽在我十二歲時去世了？我一直在想，她可能是個酒鬼，但老實說，她嫁給這種人也不意外……」

過了一些時間，她才在那次晤談中向我描繪了一幅生動的童年畫面。身為四個孩子中的老大，她習慣像個「小媽媽」一樣插手幫忙。她的父親雖然收入穩定，但行事作風永遠不像個成年人。他風趣幽默，卻經常來去不定，似乎無法承擔任何責任。

「你媽媽呢？」我問道。

「我愛我媽媽，」琵琶簡潔地說，「她有時候真的很有趣。不過，有時候也很可怕。」

「可怕嗎？」

「對。她會……嗯，失控，然後，噢，你只想趕緊躲開她。」

「我想知道你是否花了很多時間，努力不讓她失控？」琵琶疑惑地看著我。

「就是接手一切，像照顧孩子般地照顧她、安撫她？」我試探著說。

琵琶點點頭，「對，一點也沒錯，完全正確。我會做任何事只求讓她保持平靜。我記得有次她對廚房裡的螞蟻大發雷霆，在地板跳上跳下，把滾水潑得到處都是。」琵琶笑了。

「這聽起來很可怕，而不是有趣。」我苦笑著說。

「的確，我弟被燙傷了。我告訴救護人員是我……用的滾水。」她聳聳肩。

隨著晤談的進行，她告訴我，她母親因血液中毒而驟逝。一開始是因為手臂劇烈疼痛去就醫，醫生說是肌肉拉傷，但三天後她在醫院死於敗血症。此後，十二歲的琵琶成了家裡的小媽媽。她的父親無心照料他們，留她一個人照顧弟妹們。她變成了一個小勇士媽媽，保護著她的「幼雛」。

「當你告訴救護人員是你燙傷了你弟弟時，我認為你是想保護你的母親。也許是試圖讓她在你心裡仍是一個『好』媽媽。我認為你對克勞汀也是如此，你試圖保護她，想讓她在你心中仍是一個『好』妻子。」

「她是個好人，蘇珊娜。她只是……」她想著該怎麼說，「健康受損了。」

琵琶是不是在對克勞汀重複她的童年，陷入熟悉和已知的行為模式？我從來不覺得「強迫性重複」（Repetition Compulsion）是一個令人滿意的理論，該理論認為一個人因為熟悉而會不斷重複某件事。物競天擇不是應該讓我們演化到淘汰這種習慣嗎？但我所有工作帶給我的核心認知，似乎都是人們的確會選擇童年經歷多少與自己相呼應的伴侶。為什麼會這樣呢？為什麼琵琶會選擇克勞汀？這個人雖然在很多方面都相當討人喜歡，但卻像琵琶的母親那樣需要強烈的奉獻和關注，琵琶不是應該逃之夭夭嗎？不是應該找一個會照顧她的人嗎？

這次晤談結束後不久，我設法找到一位好同事為克勞汀進行治療。我們已經談了一陣子，關於讓克勞汀單獨接受治療有多麼重要，現在看來她已經準備好了。她開始每週兩次去見自己的治療師，這讓情況很快地出現轉變。

「我發現這些晤談不再對我有幫助了，我認為我們不用再來了。」克勞汀在一次秋天晤談開始時突然宣布。

琵琶正在脫下她的藍色牛仔外套，她看起來很震驚，「你沒有跟我說，你不能自己決定！我不想停止，克勞汀。」

「那你繼續來找蘇珊娜，我不必，我現在有自己的治療師了。」

「也許每週三次晤談感覺有點過於密集是嗎？」我輕聲問克勞汀，壓下琵琶對她倉促而霸道決定的怒火。

克勞汀還沒來得及回答，琵琶立刻接起我的話插嘴：「如果你覺得壓力過大，親愛的，我們可以停止。對不起，我不想讓你感受到從我這裡來的壓力，你自己要處理的情況就已經夠多了。」
「你為什麼不想自己繼續呢?」克勞汀問道。
琵琶歪著頭看了看我,又看了看克勞汀,好像在考慮這個主意,「我想不用了,有必要嗎?或許我們應該停止,還是暫停一陣子?」她再次看向我,查看我的反應。
「你們是說你們的關係都沒問題了嗎?或者問題真的只出在克勞汀身上?」
琵琶點點頭,但不是很熱切。
「克勞汀,我們之前討論過,琵琶一直是你的母親替代品,但現在你開始有自己的治療師了,也許你感覺已經被照顧夠了?來看我只是又多一個媽媽,太多了嗎?」
克勞汀笑了,她點了點頭,「也許吧,也許是。你知道,我只是不想老是成為關注的焦點。」
在那之後,我們探討了在家裡和在我的治療中成為關注焦點的意義。克勞汀承認她喜歡琵琶照顧她,但她不喜歡琵琶不把她當一回事。她抱怨說琵琶對她發號施令，接著她們又為誰該為米莉做決定而鬥嘴。我仔細聽著，同時想起了我在窗外目睹的情景；克勞汀似乎已經開始意識到，在這段關係中當個小孩是有好處，但也是有代價的。

最後我說，雖然釐清克勞汀的問題似乎就能釐清她們的問題，但我認為她們的相處中還有某些重要的東西有待解決。

「我的治療師認為琵琶有很多問題，不只是我。感覺總是只有我必須改變，那你呢，琵琶？」克勞汀一邊說，一邊瞪著我。

「你認為我也讓你成為問題的起因？卻讓琵琶擺脫責任？」我問道。

「嗯，你有，有一點這樣。對啊！我知道你現在說我們倆都有問題，但你之前沒有這麼說，通常沒有。」克勞汀直率地說。

我不得不對自己承認，這話可能有些道理。我真的不喜歡她——或者更確切地說，我不認同她。我知道這樣不對，我不夠中立或公正，但這真的很難。她看起來如此傲慢自私，而琵琶雖然在某些方面會迴避事情，但更容易讓人喜歡。

我們那次晤談沒有得出任何結論，她們離開時答應下週會回來進一步討論。

我感到很惱火，原本針對克勞汀的怒火現在已經擴及她們兩人。感覺就像她們要放棄治療和擺脫我，然後情況會像以前一樣繼續下去，沒有任何真正改變的意願。令我震驚的是，琵琶如此迅速地回頭否認自己的需求，並跳起來保護克勞汀，即使克勞汀表現得像一個被寵壞的自私孩子。

兩天後，我收到琵琶的來信：

親愛的蘇珊娜：

希望你一切安好。我只是要告訴你一聲，我們決定暫停治療。我認為你說得很對，這對克勞汀來說負荷太重了。所以，至少目前我認為我們應該停止治療。非常感謝你在如此艱難的時刻給予我們這麼多的幫助。不勝感激。

琵琶

為什麼有些伴侶能堅持治療、穿越幽谷和風浪，有些人則會轉身離開？我可以看出我可能過於關注克勞汀和她的問題，無意識地將她指為「生病」的個案，而琵琶則是她的受害者。克勞汀厭倦了總是自己在闖禍的感覺，這是可以理解的，但為什麼琵琶也決定退縮呢？改變的念頭是什麼？治療是否鬆開了她們之間的連結，所以她們才想要抗拒治療嗎？雖然照顧克勞汀的負擔很重，但琵琶在她當大人的角色中，仍能握有控制權和感到堅強。儘管她的需求被擱在一旁，但只要透過當一個充滿愛心、雖然有時是個控制專橫的媽媽，她就能規避自己像孩子般的脆弱。

當我在思索這一點時，我想起了上週末和一位個性緊張、相當都市化的朋友在倫敦郊外散步。我們邊走邊聊，當我們走到一片滿是乳牛的田野時，我的朋友大力反對——她討厭乳牛，非常害怕牠們。她告訴我，因為育種的關係，現在的乳牛比過去危險得多。這些乳牛不像繪本裡那種溫順、眼睛圓圓的乳牛黛西*，脖子上還掛著可愛的鈴鐺。她說這些乳牛都是焦慮和不可預測的野獸，我們必須找別的路。但是那裡沒有其他出路，無法繞道也沒有替代路線，我們要麼穿過田野，要麼轉身放棄在散步結束後等著我們的美味酒館午餐。雖然我不是什麼英雄，既不勇敢也不擅長運動，但她焦慮的懇求讓我覺得自己堅強又堅定。我振作起來，用權威的聲音安撫她，接著我們快速穿過田野，走到了另一邊。我感到勝利和無所畏懼，我是如此堅定地把這樣的感覺投射到她身上，我自己所有的焦慮都退散了。

琵琶將自己的脆弱寄託在克勞汀身上，把愛人當作無助的小嬰兒一樣照顧，其實也是間接在照顧自己。但是，儘管我們已經開始了解克勞汀上癮的根本原因，而我也開始探索琵琶在這個欺騙情況中的角色，但我仍然在想，克勞汀的謊言是否可以原諒。如果可以原諒的話，又是什麼事情能做到真正的寬恕。克勞汀讓琵琶為她擔心受怕、為她預約看醫生，她卻無視自己造成的痛苦和焦慮。克勞汀看著琵琶勞累不堪地掙錢養家、努力照顧全家人，她卻一直在偷偷濫用藥物。而且在她接受治療的全程中，她從未真正說過對不起。

心理治療師受的訓練是不採取道德立場，即使存在嚴重的不道德行為，我們

＊羅杭絲．布赫基農（Laurence Bourguignon）所著繪本《黛西》裡的乳牛主角。

也需要保持好奇和開放。這並不是說精神分析療法不講道德觀念，事實上，精神分析旨在幫助個案正視自己的破壞性，並進而為造成的損害承擔責任。我沒能幫助克勞汀面對她造成的傷害，也沒能幫助琵琶堅定立場，好能期待克勞汀有所悔改。我有一種感覺，無論後果如何，琵琶都會盡力留住克勞汀，但結果是她們不會因此更加親近或信任彼此。

伴侶要如何從重大背叛中完全恢復？這有可能嗎？這是否明智？首先且最重要的是，必須承認背叛確實出現過，並且伴隨著一種悔恨感。說聲對不起，然後再次認真地道歉。我見過一些伴侶在背叛被揭露、謊言被揭穿時，背叛者依然在否認。他們無法面對和承認自己的內疚，所以他們的伴侶不但受到被辜負的創傷，更因為這創傷未被承認而更加傷痛。在這種情況下，傷痛無法癒合，伴侶也無法重拾信任感。重拾信任需要時間，伴侶需要數月乃至數年與愛人有再次良好的相處經驗，才能逐漸磨平懷疑和不確定的銳角。他們需要相信背叛不會重演，那已經是過去式，或者只是一次性事件。恢復良好的性生活也有幫助，因為性生活不協調是劈腿相當常見的原因。最後，我注意到遭遇背叛後恢復得最好的那些伴侶，他們會針對「為什麼」共同發展出一套敘事。**這些伴侶共同承擔背叛的根本原因，甚至承認在出軌之前，彼此的關係就處於不穩定狀態，最後達成共識——出軌只是這些問題的症狀。**

第三部
骨肉至親

來呀，人類的孩子！
到那湖水和荒野裡，
跟一個仙女，手拉著手，
因為人世充溢著你無法明白的悲愁。

——威廉・巴特・葉慈（W. B. Yeats），〈被拐走的孩子〉，
收錄於《烏辛之浪跡及其他詩作》

骨肉關係是血淋淋的，就如同家庭生活一般。家庭生活開始於童話故事結束後，儘管許多夫婦會過著幸福快樂的生活，卻不會總是如此，沒有所謂「從此就過著幸福快樂的生活」這回事。

最常見的問題是生小孩的事。夫妻想要、需要孩子，但孩子相當依賴人，依賴的時間維持非常久。生養小孩是夫妻最具挑戰性的部分，因為當一位合格的家長，意味著犧牲、讓步，以及讓另一個人進入你的生活；代表你要和長久被埋藏在童年的部分自我再次相遇——否則我們該如何知道孩子的感受？如何知道孩子需要什麼？

至於家庭呢？我們似乎需要家庭才能成長。家庭讓我們感覺踏實，它提供一個歸屬之地，形塑我們的身分。家庭連結我們的過去和現在，且握有我們未來的關鍵。家庭是我們得以試著去修改過去、修補傷痛的地方，是在無數世代傳承中，修補祖先所有苦痛和掙扎的地方。

10

兩人對生小孩沒有共識

碧娜和夏皮洛如魔法般變出一個嬰兒

夏皮洛似乎將生孩子的「計畫」看成是一種工作的挑戰，
儘管碧娜無法確定，他卻勇往直前。
我認為，他們談論的是兩碼事，
他們對未來的共同願景正開始瓦解。

碧娜請求進行伴侶諮商的電子郵件，語氣非常客氣。在每一封郵件中，她成功地展現出她是體貼、尊重別人的人。當我說目前的時間都已排滿，她非常能理解，而且似乎很樂意等待。她在電子郵件信末署名「最溫暖的祝福，碧娜♡」。用愛心符號似乎有點過頭，不過我依然期盼和碧娜及她的伴侶夏皮洛會面。

他們準時抵達，是一對迷人的伴侶，穿著體面、談吐高雅，當我示意他們進入我的辦公室時，他們給我溫暖的微笑。我請他們告訴我來訪的原因，他們再度微笑並互相對看，以決定誰先開始說。

「好問題，」夏皮洛指著我肯定地說，「簡單來說，我認為有三點需要處理。」他望向碧娜，碧娜點頭表示贊同。「一，」他豎起大拇指，「我們要如何與何時成家？二，」他舉起食指，「怎樣才是最恰當的時刻，而我們如何對此取得共識？還有三，我們成家後，如何協議兩人之間的財務與家事分擔？換句話說，蘇珊娜，我們需要你幫助我們達成這段關係的『二．〇版本』，而且我們需要快速的成效。我們不想要好高騖遠，我們已經做了一些功課來提出適當的問題，我們只是需要你指引正確的方向，對吧，寶貝？」夏皮洛停止發言，看向碧娜，碧娜再度微笑和點頭。夏皮洛穿著灰色西裝，留著一頭和西裝相稱的灰髮，接著他向後坐，等待我構思出一個計畫。

我很少啞口無言，但我必須承認，夏皮洛成功地讓我說不出話。我的心向下一沉，我並不知道他在說什麼。我能感受到他們強烈地希望獲得快速的解答，而我知道這是我無法提供的。

「你似乎是在說，你們的看法一致，都想從晤談中獲得建議。我想我聽到的是，其中一部分是關於你們想要的生活轉型？你們想要成家？」

他們都點點頭。

「你們能不能多說一點兩人之間最近的情況？你們是否會意見相左？是否有意見不一致的事情？這會不會是你們決定來諮商的原因？」

他們再度對看，以決定誰要回答我的問題。我忽然有種奇怪的感覺，好像我身處會議室內，而他們是講者，在接受我這個聽眾提問。

「我們來找你，是因為你的風評很好。我們非常仔細地研究過，而你的名字不斷出現。我們試過找另一位諮商師，但她已經額滿，所以你是我們的第二順位。」夏皮洛燦爛地對我笑，彷彿在恭賀我的成就，「我們不想浪費時間，我們想要解決事情，獲得一致的意見……如果你覺得可以的話？」

我覺得很驚訝，這像是恭維混合著操控，頗為棘手，我不太確定如何應付。我什麼都沒說，而我能觀察到碧娜開始覺得不自在，她緊張地將目光從我身上轉向夏皮洛，似乎在等待著麻煩發生。

「碧娜，在你們的關係中，『協商』是件困難的事嗎？」我直接問她。

接著碧娜開始發言，一開始不太流暢，但漸漸地，她解釋夏皮洛希望兩人生個小孩，但她不確定現在對她而言是否為恰當的時機。她剛換工作職務，而且獲得升遷，現在正準備進行一項大型併購案，她需要在完成這筆交易後才能請假。她認為她在明年三月以前都不能懷孕。

「寶貝，我說過了，明年三月不行。我公司那時會在紐約開設辦公室，我會沒空。如果我們現在進行，對我來說比較合適，希望你能在聖誕節的時候達成交易，這意味著寶寶會在五月誕生，那時紐約辦公室已經開始營運，你也能在夏天請假。」

我驚愕地聽著，碧娜和夏皮洛兩人似乎都誤以為生小孩就像煮蛋一樣，能夠準確設定好時間。

「想要有個小孩，對你們兩人而言似乎是充滿了困難與挑戰。我想知道的是，你們正在進行的時程規畫，有沒有將生小孩的不確定性考量進來？」

他們兩人都茫然地看著我，「我們還沒開始嘗試，」碧娜回答我，「但是我去年曾經意外懷孕，所以我知道我們辦得到。」

「沒錯，受孕那方面沒有問題！」夏皮洛開心地說著。

「你們把小孩拿掉了？」我小心地問。

「是的，很複雜。但那是在正確的時間做出正確的決定。」夏皮洛表示，但未進一步說明。

他們倆似乎都沒意識到，受孕或許不是那麼簡單的一件事，因此在剩下的晤談時間裡，我試圖了解他們對於為人父母的憂慮，給予他們空間探索對這件事和前一年墮胎的感覺。結果好像徒勞無功，而我覺得夏皮洛認為我的問題既苛刻又惱人，他希望我能切入正題，幫助他們「商討出協議」，完全不覺得探索過去或彼此的感覺有什麼意義。晤談結束時，我想讓這對夫婦去思考和感覺的所有努力都被回絕了。我並不預期會再見到他們，我想我已從「次好」的諮商師掉到墊底了——在他們看來，我從有魔力變成沒能力。

但是隔天早上，我收到以下的電子郵件：

嗨，蘇珊娜：

我們很喜歡昨天的晤談，希望能再和你進行五次晤談。唯一的問題是，我下週在美國，而夏皮洛下下週在巴黎。因此，我們希望能夠三週後開始諮商。還有，是否能將時間從下午五點改成五點半？最後，如果我們預約五次晤談，是否能夠享有折扣？

很高興和你合作。

碧娜♡

我堅定但有禮地回信，表示我無法下午五點半和他們諮商，也不會按照特定時數進行晤談或給予折扣，但是我可以將晤談延後兩週。我開始有點了解這對讓我感到好奇的夫婦，他們顯然喜歡確定和掌控任何事情的感覺。他們是否能夠適應我的心理治療？我感到懷疑。而我又是否能幫助他們思考更多，並減少他們那種做事切實的傾向？或許有機會吧。

三週後，他們回來了。進門時再度親切地微笑，夏皮洛伸出手和我握手打招呼。我短暫和他握手後，等待他們在沙發上就座。碧娜的外表經過精心打扮，她烏黑的秀髮閃閃發亮，就像剛離開美容院，深棕色的膚色就像剛做完臉。她身材削瘦像根別針，雙手做了專業美甲保養和塗上指甲油，無名指戴著兩個排鑽戒指。

他們滿心期待地看著我，彷彿我即將大力施展魔法。但隨著諮商進行，我們的對話似乎搖搖欲墜——我試著探索的所有途徑都被拒絕，我提出的任何想法都是錯誤的。他們在第一次晤談展現的親切有禮似乎已經消失，最後我表示：「或許你們對於需要我的幫助……或者說，對任何的幫助，你們都會感到不安。我猜想，你們已經習慣自己處理事情、取得進展、理出頭緒，然後繼續前進。但這次事關你們之間的關係，也許情況是不太一樣的？你們可能需要不同的處理方法，這意味著得去討論你們經常避免談論的議題，以及感受你們常常不允許自己去感覺的事。」

我快說完的時候，夏皮洛打斷我：「我想你說得對，蘇珊娜。或許我們的確需要進行深入的探索。」

我試著忽略他的商場客套話——他也許是在以自己的方式承認，他們正在阻擋所有探索的機會，然後我注意到碧娜的臉上默默流下眼淚。

夏皮洛靠向一邊，伸出手去拿面紙盒，朝碧娜的方向揮了揮，好讓她拿面紙。她深陷在自己的思緒中，沒有注意到他，因此他不安地把面紙放在她身旁的沙發上，他看起來彆扭又心煩，我們繼續等著。

「抱歉，抱歉。」碧娜說道，拿了一張面紙擤鼻涕，「我不知道為什麼要哭。我只是覺得有時候……」她停下來並專注地看著夏皮洛，「……有時候，一切似乎都毫無希望。」

「毫無希望？」我問道。

「我只是不知道我要如何讓夏皮洛快樂，他對一切似乎都非常篤定，但我覺得我並不是這樣。我想要小孩……我想是吧。但我不確定我是否有能力當媽媽又同時上班。我的母親沒有上班，家裡還有許多人幫她，但她依然精疲力盡。我只是不知道，我要如何應付這一切。」

「碧娜，我們會有幫手的，我們當然會找人幫忙。如果你需要的話，我們可以請兩個保母，找人幫忙不成問題。我知道你的工作是最重要的，不用煩惱。」夏皮洛試圖安慰她。

碧娜接著長篇大論地談論她的事業和事業對她的意義。儘管她十七歲就離開學校，但她顯然事業成功且奮發向上。聽著她的形容與說明，我感覺她的整個人生是以工作為中心；她談到她多年來辛苦努力地證明自我，而現在她知道，在工作上她的確表現出色。

我開始思考碧娜和夏皮洛是否發現，他們的關係發展到了不同的階段，而這是否對他們的關係構成危險。他們兩人似乎擁有共同的生活想法，也就是勤奮工作和伴隨而來的成就是至關重要的。他們顯然已投入大量心力在事業上，而碧娜現在懷疑這樣的投入是否正蒙受風險。另一方面，夏皮洛似乎將生孩子的「計畫」看成是一種工作的挑戰，儘管碧娜無法確定，他卻勇往直前。我認為，他們談論的是兩碼事，他們對未來的共同願景正開始瓦解。

發展上的差異是伴侶尋求協助的常見原因，當你的伴侶改變他們的感受、心願和想法時，這種差異可能會令人相當困惑。如果某一方的興趣、意見與需求突然改變，可能就會衝擊到現況。有無數的事物可能造成這種單方面的發展，但籌畫與生養小孩經常是夫妻面臨的最大考驗。懷孕、生產、哺乳和為人父母的現實，會帶來生理、心理及生活的變化，若夫妻表達出相異的需求和期待時，這些變化就可能使兩人產生歧異。

在他們離開時，夏皮洛看起來既受挫又暴躁。我最後的評論在質疑，他們兩人想要的是否相當迥異，而我明顯感覺到夏皮洛對此感到不悅。我喜歡夏皮洛，但是我認為，儘管他自認正在給予碧娜她想要的一切，儘管他相信自己向她保證一切都會沒事，他都沒有真正在傾聽。

夏皮洛和碧娜持續準時地參加晤談，但即便他們勤奮出席，我們似乎仍然一無所獲。有時，我以為我已和碧娜建立連結，但當我試圖和她拉近距離時，她又好像能夠找到抗拒我的方法。我越來越清楚知道，任何形式的親密都是一種挑戰，每當我以為她變得更容易表露情感時，她就會忽然變得非常尖酸刻薄或粗魯。

在第一次或第二次的晤談中，我總是請個案告訴我一些他們童年的事。然而通常需要好幾個月甚至好幾年，才能真正了解情況，因為個案漸漸開始記得更多，也更加信任我，同時能慢慢去面對過去與現在挑戰之間的連結。我對碧娜和夏皮洛也是如此，我請他們對我訴說早期的家庭生活，他們也照做，但奇怪的是，我發現我無法想起他們說過的任何細節。當我回顧筆記，內容也顯得模糊。

怪異的是，我是用鉛筆記下筆記，並非打字，而我的字跡既模糊又凌亂。我知道他們說過擁有快樂的童年，父母的婚姻也發展順利。我知道兩人都有手足，雖然我不確定有多少位。我知道兩人都上過寄宿學校，但我並未寫下上學的年紀。總而言之，儘管我們進行過多次晤談，我卻覺得並未真正認識他們。是我的錯嗎？我不夠專心嗎？還是，或許這反映出他們和自己、和彼此、和我之間缺乏連結？他們的生活很忙碌，卻完全黯淡無光，變淡的鉛筆筆跡似乎在總結這一切的模糊空虛。

但是從他們對待我的方式，以及我試著幫他們進行的諮商來看，我確實獲知一些重要資訊。我感覺得到他們討厭我這種諮商方式，因為我相信我們需要保持開放和探索的心態，而非設立特定的目標，所以他們對此感到不自在。不像他們以前所參加的會議那樣，我的諮商沒有議程和行動要點，而我知道他們會對此感到既洩氣又困惑。我不禁思索，什麼樣的童年經驗會導致這種可怕的僵硬態度？就好像他們被訓練成不信任情感的世界，不被鼓勵認真對待自己的感覺。結果，他們和我、和彼此在情感上保持距離，似乎連跟自己也有距離。隨著晤談持續進行，儘管他們並未明講，我卻知道他們越來越不信任我的方法，他們想要擺脫我和對我的需求。

來到第六次晤談，我對接下來會如何感到很好奇。我覺得他們越來越可能按照原本的計畫只進行六次晤談，即使我認為他們需要更多次。由於他們通常相當準時，因此當時鐘的指針跨過整點，我開始感到擔心；指針走到十分時，我堅信他們不會來了。我相當失望地坐在位子上，我耗費許多心力想讓他們參與，他們卻抗拒了我想讓他們敞開心房的所有努力。即便如此，我仍然親切對待他們，而且認為我們還是可以一起做些有用的事情。然而，我強烈地感覺到他們對這些晤談感到多麼不安，所以他們會退出也不令人訝異。但奇怪的是，他們並未寫信通知我，他們似乎總是那麼客氣和有條不紊。是否有什麼誤會？他們以為已完成所有晤談，所以治療終止了嗎？我認為這次是第六次晤談，但他們或許以為上週就是第六次了嗎？我一邊想著所有的事，一邊開始寫電子郵件，這時對講機響起，將我從沉思中驚醒。

幾秒鐘後，夏皮洛從門外進來。「只有我，這樣可以嗎？」他邊說邊脫下大衣，「我想碧娜不會來了，我在馬路的盡頭等她，她從不會遲到。我試著打電話給她……還有傳簡訊。」他解釋時緊張地看著手機。

「所以你本來在等她？」我問道。

「嗯，我不確定她會不會來，她明天有個重要的簡報，或許被工作纏住。而且說實話，她並不太想來，她說參加最後一次晤談毫無意義，一切都不會改變。」他聳聳肩，再度看向手機，接著手機發出接收訊息的聲響。「她說她不來了，」他抬起頭說道，「或許我也應該離開？只有我在，而她不在，沒什麼意義，對吧？」我聽起來覺得這是對我的懇求，我覺得他在表示他其實不想離開，想要談話。

「也許有些事你想單獨聊聊？」我問道。

對此，夏皮洛往後靠在沙發上，讓自己自在一些，「我確實有件事想問你。」他說。

我耐心地等著，看見他的臉上閃過猶豫的神色。過了一會兒，他說了一些平淡無奇的話以後，開始談到他以前的戀情。他提醒我，他比碧娜大九歲，碧娜之前並沒有過認真的戀情，但他曾經結過婚，他擔心歷史正在重蹈覆轍，不過這次角色互換。我感到疑惑之際，他解釋說，他的第一段婚姻會結束是因為女方想要小孩，而他不想。他們為此爭吵了數月，接著，儘管他不情願，女方卻懷孕了。一開始他覺得憤怒沮喪，但正當他慢慢接受這件事時，她在第十三週時流產了。此後，他們之間的一切都不對勁，因此決定分開。她現在和他學生時期的一位老朋友結婚，生了許多小孩，他開玩笑說她打算生一支橄欖球隊。他試圖大笑，但在述說這個故事時，他看起來遺憾和懊悔。我們靜靜地坐了一陣子，我為之前未能協助他說出這件事感到難過和抱歉，這是我第一次瞥見他更為真實和脆弱的部分。在碧娜不在場時告訴我這件事，是否比較安全？還是因為這是最後一次晤談，所以更容易敞開心房呢？

「令人驚訝的是，我們之前從未談論過這件事，這顯然非常重要。碧娜知道嗎？」我問道。

「是啊，知道，當然了。我是說，在一開始交往時，我們曾經討論過兩人都不想要小孩。但是，我們兩人都改變了想法……或是說，至少我以為我們都改變了想法。」他的聲音越來越小，看起來一臉沮喪。「你認為我該放棄嗎？我是指生小孩這件事，我不希望我們因此分手。我想我可能將碧娜逼得太緊了，應該踩煞車改變決定嗎？」他問道。

「那你心裡非常想要小孩的那部分怎麼辦，夏皮洛？」我問道。

他看起來猶豫不決。

「夏皮洛，我注意到，而我之前也告訴過你，你似乎不喜歡不確定性。你總是急著做決定、採取行動、下定決心……但也許應該留點時間思考？」

他同意地點點頭，接著開始談到工作，以及他那種凡事都想找到解決方法的態度，有時會給自己添麻煩。他開始體會到，身為老闆，有時最好什麼都不做。

「我有一名員工，他負責我們正在進行的大型資訊科技專案。他每天至少進我的辦公室一次，不停地抱怨哪裡故障、哪裡無法運作或是誰沒好好工作……問題接踵而來，讓我相當困擾。我努力拚命地解決這些問題，結果隔天，砰！一切都解決了，但不是以我建議的方式，反正就是解決了。而我在過去兩個星期領悟到，他不需要我做任何事，不需要替他解決問題，他只是需要我……聽他說。」

「或許，你說的也是你對我，以及對這個治療的需求？不是解決方法，而是整理思緒和感覺的地方……並讓我傾聽？」

我的評論似乎將他解放，因為在剩下的晤談中，他滔滔不絕地說話，就好像潰堤的水壩，而他終於能夠探索與碧娜關係中的所有擔心和憂慮之處。在我們接近尾聲時，我建議他們也許需要更多的時間一起探索這些事，我們應該繼續進行諮商。

「我非常希望如此，蘇珊娜，但我不確定是否能夠說服碧娜。」

「我會寫信建議她這麼做，除非我得到不同的回覆，不然我期待下週能見到你們兩人。」夏皮洛點點頭，但我能看見他不確定的神色。

我不太有信心他們下週會回來。我得到的結論是，他們不願意進行更深入的心理治療，是因為他們對揭開痛苦感受這件事很焦慮，這些痛苦感受使他們感覺脆弱。但我希望我和夏皮洛的晤談能夠減輕他的焦慮，並提升他的好奇心，使他有辦法說服她回來。

結果，我錯了。

我收到碧娜的一封簡短回信，她向我道謝，但說到他們不認為更多的晤談對他們會有幫助。這次她沒有放上愛心符號。

我在將近一年後，收到夏皮洛寫的電子郵件：

嗨，蘇珊娜：

希望你一切安好，碧娜和我想知道，你是否有空再和我們進行一次晤談？碧娜懷孕了，而且希望和你討論幾個問題。

謝謝。

夏皮洛

我其實沒有時間，但我想知道他們的近況如何，因此我在回信中提議預約兩週後的時間。

嗨，蘇珊娜：

非常感謝你的回信。我們是否可能在這週短暫拜訪你呢？因為情況有點緊急。

謝謝。

夏皮洛

我感到好奇又有點擔心，一定是發生什麼對他而言相當嚴重的事，他才會這樣要求。我回信給他，提議在星期五與他們會面，我通常不會在星期五看診的。

我提早幾分鐘按下對講機讓他們進門，我站在諮商室外，想著他們去哪裡了，此時我聽見碧娜的聲音從樓梯下方傳來。

「天啊，這些樓梯。」她抱怨著。

「再一層樓。」夏皮洛鼓勵地說著。

碧娜滿臉通紅、大汗淋漓，看起來和我前一年遇見的光鮮亮麗的女人迥然不同。她穿著印花長袍和緊身褲，她的低跟棕色涼鞋露出腫脹的腳踝。她的頭髮黏在額頭上，用紫色大髮夾紮成一個凌亂的髮髻。她看起來既不舒服又不開心。

他們在沙發上坐下，從提袋拿出水來大口喝下。碧娜問我是否能開窗戶，夏皮洛起身將窗戶打開。氣氛相當沉重，我知道發生了非常大的問題。

「非常感謝你在今天和我們見面，我來告訴你詳情嗎？」夏皮洛看著碧娜，以確認他先開口，碧娜不以為意地點點頭，而且沒有看他。

「好，首先，我們想對你說，之前與你進行的晤談一針見血，非常有幫助，我們兩人都認為諮商確實帶來改變。對吧，寶貝？」

碧娜沒有回應。

「在晤談結束後，我們立刻開始嘗試生小孩。第一個月沒成功，第二個月，砰！然後你瞧，寶寶五週後出生！」夏皮洛滿懷期待地看著我，但我不確定該說什麼。一切似乎不太真實，他熱切的和藹態度感覺相當虛假。

「但是懷孕過程有點棘手，碧娜有點……」他想著該怎麼說，「有點心情低落，也許是沮喪？」他偷偷地看向碧娜，而她毫無反應地靜靜坐著。

接著一陣安靜。我看著碧娜，希望她主動說話，但是她低著頭，在那一刻，她似乎很冷漠。

我等了又等，我強烈地感覺到，如果我試著詢問碧娜，她會更加退縮。她需要感覺是她自己選擇對我敞開心扉，她有權利決定是否發言。

因此我繼續等待，我們安靜地坐著，漸漸地我沉浸到自己的思緒裡，直到碧娜的聲音將我拉回現實。當她開始說話，我腦中閃過一個念頭，原來我的脫節是仿效了她的脫節。

「我不知道你們要我說什麼，」碧娜冷漠地說。

「向蘇珊娜解釋你過得如何，你的感受。」夏皮洛如此指示，而我也鼓勵地點點頭。

「很肥，這就是我的感受，很討厭、很肥。」

碧娜需要許多鼓勵和耐心，才能夠分享目前的情況。她從未告訴任何人她對身材與飲食問題的感受，她說她覺得噁心、醜陋、失控，她限制飲食和過度運動的舊習慣現在已經無法執行了。她在挨餓與暴食之間搖擺，從未經歷過的痛苦飢餓導致她暴食。她覺得自己好像沒辦法繼續下去，她討厭自己、想要自我毀滅。如果必須這樣活下去，她就不想活了。

我盡可能小心地問碧娜，她是否想過或甚至計畫過要傷害自己。

「沒有，我不會傷害寶寶的。」

她看起來相當震驚，就好像她剛剛才明白關於寶寶的現實情況。我對她有著前所未有的感同身受，我有強烈的衝動想要起身擁抱她，她的聲音透露著寂寞與悲傷。我從未見過碧娜的這一面，這一面一直小心翼翼地隱藏在她光鮮亮麗的外表下。但現在，她似乎終於能夠承認她所處的混亂狀態，以及她需要受到照顧與被人理解。在這個過程中，她讓我更靠近她。

「你能對蘇珊娜傾吐真是太好了，寶貝。」夏皮洛說著，並轉向我，「我一直非常擔心，碧娜變得跟她以前完全不同，我真的很高興她對你說出情況。你認為碧娜應該怎麼做？」

「我不確定重點在於『做』，夏皮洛。也許首先要傾聽？」

「喔，當然。我想傾聽。但碧娜是否需要去看精神科醫師？你覺得呢？」

「也許吧，不過讓我們先想一想。」

在晤談結束時，我想夏皮洛感到鬆一口氣，而我能夠了解他為何會如此著急地希望見我。我提議我會寫信給碧娜的家庭醫師，告知除了伴侶諮商外，碧娜可能需要一些個別幫助。他們仔細聆聽，然後我查看筆記本，我們同意在星期三上午八點回診，這是我唯一有空的時段。

我跟她的家醫談過，並用電子郵件詢問一位專門研究飲食失調的同事，看她是否有時段給碧娜。到了星期三，我覺得我已經開始為這個年輕的家庭提供所需的照顧了。

星期三，我滿身大汗又口渴地抵達安妮女王街，前一天的高溫還在地鐵內竄動。我沒時間趕去咖啡館買咖啡與瓶裝水，所以我打開窗戶，拿出一盒新的面紙，並檢查廁所的衛生紙，然後坐下來等待。

他們沒有來，也沒打電話或傳簡訊。我檢查電子郵件，但什麼也沒有。上午八點四十五分，我衝出去咖啡館買咖啡，另外加點了一個可頌麵包，做為我被放鴿子的補償。

那一天平淡無奇地過去了。我在晤談之間的空檔查看手機，但夏皮洛或碧娜都沒有任何消息。在回家的路上，我再查看了一次，並寫了一封簡短的電子郵件給兩人，希望他們一切安好，並建議與我聯繫。

那一週很快地過去了，就像鉛筆的字跡一樣，我的興致開始消退。我已經盡力了，已將情況告知家庭醫師，也將一位出色的心理治療師轉介給碧娜。我已經沒有什麼還能做的了。

心理治療師經常需要忍受拒絕。**許多個案害怕自己的需求太大，會將別人伸出的援手給甩開。在一次又一次的晤談時，心理治療師必須再次伸手，有時必須**

一而再、再而三地這麼做。在某些方面看來，碧娜私下的飲食失調完全不令人訝異，她如此厭惡自己的需求，導致她對抗身體需要食物的現實。她想掌控自己的那一部分，也就是讓自己感到失控的飢餓感。從他們對我伸出援手的回應來看，我想我開始理解他們的恐懼，但是如果他們不來與我晤談，理解也無濟於事。

時間來到十一月，將近五個月後，我再度聽到他們的消息。同樣地，和我聯繫的是夏皮洛，他傳送一則友好的簡訊到我的手機。沒有道歉也沒什麼資訊，只是禮貌地請求看診。我仔細思考是否想再和他們見面，我會怨恨嗎？會不會浪費時間？但是我的擔憂（以及好奇）壓過我的不情願，我對他們提議隔週用Zoom進行線上諮商，這是我唯一能做的。

一週後，我坐在家中的辦公室內，在晤談即將開始的前一分鐘開啟Zoom會議。我看著螢幕上的自己，注意到眼睛周圍的疲態，我伸手去拿書桌上能讓氣色變好的口紅。然後，叮咚一聲，他們出現了。我能看見他們坐在一張綠色天鵝絨的大沙發上，背後是一幅驚人的抽象畫。一切看起來都相當舒適、井然有序，但在我目光所及之處，似乎沒有嬰兒的跡象。

我對他們微笑，並表示距離上次見面已過了一段時間。他們也對我微笑，在他們決定誰要先開口時，有一陣小小的慌亂。

「我們生了個兒子！達許，四個月大了。」夏皮洛說道，他的聲音有點緊張。「一直以來都……很辛苦，但我想我們做得還可以。」他緊張地看了碧娜一眼，碧娜被動地坐在他身旁。

她看起來精疲力盡，她光澤的頭髮圍繞著臉龐，但她的皮膚看起來蠟黃而緊繃，我能看見她的鎖骨從穿著奶油色套頭衫的脖子凸出來。

「恭喜，你們兩人過得如何？」我問道，目光望向碧娜。

「不太好，」她回答，「生產過程非常辛苦、漫長，我最終必須進行剖腹產。我生了二十二個小時還沒生出來，然後他們擔心小孩的心率，所以緊急對我進行剖腹。接著我的傷口感染，所以在餵母乳的部分做得不太好。我回家後又得到乳腺炎，他們就讓我服用抗生素，然後我對抗生素產生反應，這代表我必須丟下達許回到醫院。他是個可愛的男孩，但是他都不睡，所以……老實說，我很疲憊。」碧娜完全沒有停頓地說著，上氣不接下氣地從她口中湧出話來。我覺得她看起來極度驚嚇，彷彿她無法理解之前和現在發生在她身上的一切。

剩下的晤談時間都用來吐露這些事。懷孕、生產和嬰兒出生的頭幾個月似乎對碧娜而言像是創傷，她以往管理自己情緒和身體的方法變得一團亂，她非常努力試圖找尋新的平衡，卻徒勞無功。

這一次他們不再推諉、不再希望限制諮商次數，他們不加思索地參加治療，而我是這對溺水孩童的救生艇。經過兩週的線上晤談後，我有空和他們在我的辦公室定期會面，而我們都同意他們應該親自前來。

那是個非常糟糕的冬日，酷寒、冰冷而昏暗。我自己都不想離開家裡了，所以我懷疑夏皮洛和碧娜是否會冒著惡劣的天氣前來。對講機響了，不久之後，碧娜背著一個嬰兒，來到我的辦公室。

「今天恐怕只有我，夏皮洛必須去里茲工作，抱歉。」她說著，同時解開達許的嬰兒背帶，接著脫下為禦寒而穿的多層衣物。她沒有提到嬰兒的出現或者為何要帶他來，所以我也沒提。

達許坐在她的大腿上，不動地面向我，她脫下他的藍色毛衣時，他那濃密烏黑的頭髮豎了起來。他用棕色的大眼睛專心看著我，把小拳頭放入嘴裡。我對他微笑，然後他皺起眉頭。

「我想你會想見他的，」碧娜解釋著。達許嘟噥、微微嗚咽又拱起背來，碧娜的臉上立刻出現驚慌的神色。

「我不知道怎麼了，」她皺眉表示，「我們走過來之前，我才剛餵過他。」她拉開他的小小休閒褲並表示：「沒有便便，我應該再餵他一次嗎？」

「或許今天你希望我照顧你，還有他？」我說道。

「能這樣就太好了，」她微笑著回應，「我累垮了。」

達許再次嗚咽，他不高興的臉皺成一團。

「到底怎麼了，達許？你想要什麼？」她的聲音透露出微微的絕望，「我似乎永遠都不知道他要什麼。」然而，在她還未能夠解釋她的想法前，達許的嘟噥變成用盡全力的抱怨，並開始哭泣。

碧娜看起來很為難，她舉起達許，匆忙站起來，笨拙地站著，將他上上下下地搖晃。真是令人痛苦的景象——看著碧娜多麼無助，而達許沒有可以安慰他的母親又是多麼失落。他的哭聲越來越大，她的絕望感更加明顯，她悲慘地看著我，讓我覺得淚水刺痛了我的眼睛。好可憐，我好想將他們兩人擁入懷中。

毋庸置疑，心理治療師必須能夠對他人有同理心。在那一刻，當我觀察著發生在達許和碧娜之間的危機，我對他們兩人都產生同理心。達許狂亂的哭喊讓我感到迫切的需要，而碧娜孤獨的絕望也觸動著我。嬰兒的哭聲讓我們受到衝擊，其本意便是如此——我們天生就會回應這樣的無助，嬰兒是否能生存就取決於我們的作為。但我當過媽媽，而我知道那多麼令人卻步，為人母是多麼艱難，面對絕望的哭喊感到無助是多麼痛苦。

義大利神經科學家維托里奧．加萊斯（Vittorio Gallese）發現，當我們對某人產生同理心的時候，會在兩人的大腦激發相似的神經系統，彷彿我們的大腦正在努力複製另一人的感受。在這些移情認同的經驗中，我們和過去可能有過、但現在沒有的情緒產生連結。有那麼一刻，我們讓自己感受到另一個人的絕望、恐懼、憤怒或喜悅。但是如果我們迷失在另一個人的感受中，或是我們覺得這些感受太難承受，我們就無法幫助他們。因此，我們需要進入這些感受、產生連結，然後讓我們從他人的情緒中抽離，這一切都發生在一瞬間。如果我們無法像這樣對我們的孩子或伴侶產生同理心，他們就會感到被誤解。儘管這似乎是一件小事，但是被所愛之人誤解是痛苦而疏離的經驗。

那天下午，碧娜因為無法對達許產生同理心，讓自己陷入困境，而我目睹了這一切。我想她知道他感到不舒服且不開心，但她似乎不覺得自己能夠幫他處理情況。還是說，並不是碧娜無法對他產生同理心，而是她覺得自己和他太過相似了嗎？她同樣感到絕望和無助。

達許繼續哭，碧娜繼續上下搖晃他。最終，我站起來，伸出雙手去抱他。他瘋狂地扭動身體，拱起背部，但我把他緊緊地靠在我的肩膀上，然後他開始安靜下來。碧娜坐下來凝視著，她的嘴巴微微張開，臉上沒有表情。

「他喜歡你，」她微弱地說著。

「你一定非常累。」我說道，她點點頭。達許變得平靜，我把他還給碧娜。

「你介意我餵他嗎？可以嗎？」

她掀起毛衣，我看見達許興奮地抖動，用嘴靠向她的胸部，並牢牢地緊貼著，發出吸奶的響亮聲音。

「至少餵奶的狀況現在似乎改善了，我之前幾乎放棄了，但是助產士說我應該堅持下去。」碧娜說道。

達許有節奏地吸奶時，我們似乎也調整好節奏，步入正軌。她說著話，而我在傾聽。她告訴我她對乳頭的擔憂，她認為自己乳頭的形狀不對，擔心夏皮洛會覺得她的身材沒有吸引力，他們連試著做愛都沒有試。她說她的母親似乎害怕幫忙照顧達許，而她對此感到失望。她媽媽無法理解她覺得照顧小孩有多麼困難，一直建議她應該找個保母。而她不想請保母，但她也不知道原因是什麼。她一邊說，我一邊聽，在我們談話的同時，達許睡著了，在她的胸前一動也不動。

治療帶來的改變，多數是透過這些平常的對話，一週又一週地進行下去，像是個案談論自己的生活，伴侶討論誰去給冰箱補貨、誰去倒垃圾這些事情。**如果伴侶改變了，變得對彼此或自己更加關愛和敞開心房，那是因為有人傾聽他們的話。有人願意傾聽，而且可以忍受聽到的所有事，好事、壞事，甚至是醜**

陋的事。

我想，之前沒有人確實傾聽過夏皮洛或碧娜的心聲，他們脆弱的防禦，是童年時期沒獲得兒童成長所需的理解而導致的結果。他們接受的教育把成就看得比什麼都重要，他們接受了這種觀念，並在婚姻中創造一種共同的文化，把「感受」與「關係」的優先順序排到後面。但是嬰兒有辦法造成改變，嬰兒將我們帶回幼兒時期，激發我們長久以來遭到壓抑的感受。嬰兒使我們記起那些感受，所以在記起的同時，我們能夠傾聽他們哭聲裡的訊息。

許多夫婦讓自己忽略這些感受——母親在上班途中，不理會母乳流出胸部的刺痛感；父親把嬰兒送到托兒所，然後努力工作來養家餬口——大多數的父母不得不這麼做。當然，擺脫孩童的原始需求有時是種解脫，但這是否也意味著封鎖和斷開與這些原始需求的連結呢？否則我們該怎麼將生命中最寶貴的孩子交託給他人，一天長達八或九小時呢？

我們建構出一個世界，在這個世界中，照顧孩童的優先順序似乎被排到非常後面。政府希望員工和婦女理所當然地抗議全職母親所帶來的缺點，但是誰來為嬰兒發聲，誰來倡議父母能夠好好當父母的重要性？我們現在知道嬰幼兒初期有多重要，兒童在出生到三歲之間的經驗能夠影響他們的人生。長時間待在托兒所能夠為大多數兒童提供最佳的經驗嗎？大多數家有幼童的家長希望花更多時間工作，而不是陪伴幼兒嗎？為什麼我們不能讓新手父母減少工作？為什麼我們不重視他們用於照顧家庭的時間，就像重視他們在辦公室的時間一樣呢？

身為心理治療師，我的工作不是批判或推薦某種特定的生活方式，但是心理治療涉及權力關係，因為心理治療的宣言重視人際關係的重要性，遠遠勝過金錢或成就。確實可以說，**良好的治療經常在調整個案的價值觀，改變他們的優先順序**。

我認為碧娜和夏皮洛的治療對他們有所幫助，他們的一切狀況都變得柔和，最終也沒有僱用兩名保母。碧娜並未重返原本的工作，而達許一歲時，夏皮洛也離職了。他們希望自己能擁有不同的未來，而達許能擁有和他們不一樣的童年。他們完成治療時，碧娜再度懷孕，他們也開創了自己的事業。而這一次，將會是家族企業。

11

離婚後因為孩子而爭執不休

蓋比麗兒與約翰尼斯吹倒茅草屋後又重建

他們有兩個小孩，是兩人爭執的對象。
他們經常提及小孩，
但我需要很長的時間才能了解孩子過得如何，
有時候感覺孩子只是被爭奪的物品。

我正夢見一艘船。船航行著，在最溫和的風中來回搶風轉向，擺動多於實際移動。船身是乏味的黃色，我極度努力地試著將船駛過遍布石頭的水域。我害怕船會擱淺，而且相當擔心甲板下有什麼東西，以及它是否會跑出來。船身是否有個破洞？接著我醒來，滿身大汗，我的鼻子乾燥，喉嚨刺痛。

這是我生病的第五天，突然確診了新冠病毒。我之前為朋友烹煮午餐，我們打開後門慶祝春天，春天才剛從灰暗潮濕的天氣中探出頭來。氣氛很歡樂，我們互相擊肘，彼此保證我們夏天還要來慶祝。我們一邊在漫長、慵懶的午餐時刻喝酒，一邊計畫在薩福克見面。稍後，我感覺身體發熱，「我得到那個新冠病毒了，」我告訴我先生，他嗤之以鼻，但我將體溫計給他看了後，他便皺起眉頭。

我上週把Zoom的帳號升級了，因為要我快步走到安妮女王街去看診，顯然不是一個持續可行的辦法。我們買了手部消毒液，我開始在每次晤談前重新擦拭門把，但是到了三月中，病毒已衝破牢籠，在倫敦市中心肆虐。同事之間互相討論Zoom、Skype、Microsoft Teams等虛擬會議軟體，並匆忙召開會議，分享把個案轉移到線上看診的方法和憂慮，針對有時非常脆弱的個案必須如此。接著我生病了，而我的個案則必須等待。

兩週後，我完全康復，已經能在這個令人不安的新世界重新執業。我慎重地購買新的相機，將舊筆電上的相機替換掉，並用諮商室裡的扶手椅重新布置家中的辦公室。我將筆電放在辦公室的椅子上，讓我得以調整高度，並將自己固定在Zoom的畫面裡。這感覺非常奇怪，而且我依舊因病毒感到疲憊，所以並不期待這一天。

我預計要見的人是約翰尼斯及蓋比麗兒，他們有時會來向我諮詢。他們第一次來的時候，說出的每個字都充滿苛刻與質疑。當時，我需要運用所有的權威去平息他們的指控和反指控，這些指控就像手榴彈一樣在我的辦公室內擲來擲去。他們進出法院已經一年，而法官已經受夠他們，不耐煩地建議他們尋求諮商。他們在我的諮商室中都不想坐在彼此身旁，但是都幻想自己可以贏得戰爭、不必妥協，情況陷入了死胡同。儘管他們漸漸取得進展，能夠針對他們兩個小孩的部分更加配合一些，但和平是脆弱的，當和平破裂時，他們會來找我。

他們倆都很肥胖，不是因為太常去開冰箱而身材走樣的那種發胖，而是過重到顯示出他們在拒絕照顧自己那樣。他們的身體是否表達出某種絕望和殺傷力強大的感覺，呼應到他們發洩在對方身上的怒氣呢？

我喜歡親子教養的諮詢，這和長期持續的心理治療不同。我喜歡與難以調適成為父母，或忽然遭遇青少年叛逆挑戰的夫婦一起合作；能夠支持那些因為孩子抑鬱、拒絕上學或有其他困擾而擔憂的父母，這讓我感到很滿意。我喜歡這種工作的原因是我能運用自己的不同面向——我可以是育兒教練，富有同情心地傾聽；我也能提供關於家庭互動狀態的想法，從身為家長的自身經驗來認同這些父母。最重要的是，我感覺我也在關心他們的孩子。

每位伴侶治療師都會面臨孩子對兩人關係造成的挑戰，許多尋求治療的伴侶也都對教養方式有諸多爭執。全球諸多研究都顯示，對婚姻的滿意度在擁有小孩後會驟降。上網搜尋「婚姻滿意度與生養小孩」，你會發現大量顯示U型曲線的圖表。快樂程度伴隨著第一個孩子出生而下降，孩子越多，下降得越快。接著，正當情況似乎變得較為輕鬆時，孩子來到青春期，此時伴侶之間的滿意度進一步下滑。但是請撐下去，因為當孩子離家後，情況會漸漸改善。我記得幾年前在為兒童中心的管理人員進行培訓時展示過相關圖表，現場陷入驚訝的沉默，直到一位婦女沮喪地站起來，脫口說出：「為什麼沒有人告訴過我這些事？」

伴侶關係滿意度的下降，經常在小孩出生後的第一年發生。嬰兒剛出生時，大多數伴侶都會感到喜悅——祖父母輕聲低語，朋友帶著蛋糕、氣球前來，或者寄來卡片和花束，有一段時間一切都很美好。然而，凡是嬰兒優先必定有其代價，慢慢地，父母開始了解到自己的需求被孩子的需求取代，這可能會引發被剝奪和被忽略的強烈感受。這些感受可能會重啟早年經歷過類似感覺的痛苦，使得過去的感受加重了眼前事態的嚴重程度。為了因應這些感受，伴侶之間可能指望對方填補空缺、改善這些被剝奪的感覺，因而導致需求的競爭。伴侶開始爭吵輪到誰換尿布、誰夜間起床或誰晚上能和朋友外出。在這樣的情況下，父母開始「輪班當父母」，監控著誰在付出而誰在休息。儘管這似乎是解決爭執的一種方法，但遲早這種育兒方式會加深伴侶間的距離，且會失去陪伴小孩進行共同活動所衍生的樂趣。

為人母的經驗往往與為人父有所不同，女性仍比男性承擔更大比例的家事和育兒工作，儘管有證據顯示情況開始在改變。面對妻子和嬰兒彼此之間的密集哺乳，男人經常會覺得自己是個局外人，這種被排除在外的感覺導致某些男人將注意力集中在家庭以外的生活，通常就是投入他們的工作。另一方面，相較於感覺被排擠，母親可能有強烈的幽閉恐懼感，因為她們一整天把嬰兒抱在懷裡或胸前。這些迥異的感受可能使做愛變得棘手。男人想藉由性愛找回他們的伴侶，以便能確保圍繞在對嬰兒的關愛之中，還有時間保留給成人性愛。但是女人可能認為最強烈的渴望不是更多擁抱，而是更多的空間，所以伴侶的性慾可能被認為是對自己的進一步侵犯。

接著還有姻親的問題。嬰兒出生以前，伴侶兩人可以置身於大家族之外，但是嬰兒出生後，祖父母、叔叔伯伯、阿姨嬸嬸突然出現。他們可能有所幫助，當然也可能需要他們，但是伴侶雙方和其原生家庭重新建立連結可能會需要重大調整，也需要在伴侶關係中重劃界線。家族文化——關於如何育兒、過聖誕節、布置家裡和慶祝生日——常常源自於自己童年時期的經驗。新的家庭必須制定自己的新文化，當雙方對家庭生活的期待相左時，相關的協調可能造成衝突。外婆和媽媽對餵養嬰兒的看法，可能和爸爸家族的期待大相逕庭。

以上描述的所有挑戰都能在伴侶諮商時有效地探索，只是相當可惜的是，伴侶經常拖太久才前來談論這些問題。近年來，歷屆政府都更加重視對新手父母的早期介入措施，開始實施試驗性計畫鼓勵他們重視伴侶關係，因此若干年前，我和同事成立一項共同育兒的諮詢服務。

我們預期的對象是家有青少年的憂心、焦慮父母，以及辛苦帶嬰兒的年輕家長，並與後者合作進行嬰兒的睡眠訓練、餵食和幼兒托育。令我們驚訝的是，這些預期的對象都沒有前來，我們反而遇到一些不想合作的離婚伴侶，他們巴不得前任死亡或消失。我們收到律師寄給我們大量的檔案，內含激烈爭執的悲慘細節。我們見到不願一起坐在諮商室裡的伴侶，甚至在某個案例中，一名婦女堅持她外表嚇人的母親必須在場「保護」她不受前任的傷害。

這些都令人震驚，一開始我們的準備相當不足。不過，我們漸漸學習和這些離婚的伴侶合作，並經常能夠提供幫助。我們也著實地感到驚訝，法院系統外對這些家長提供的援助竟然如此之少，社會對夾在交戰父母之間的孩子所面臨的困境幾乎鮮少關切。**每項關於分居和離婚的研究都得出結論，即家長之間未解決和持續的衝突會深深傷害著孩子，然而協助這些家庭的時間和資源卻非常稀少。錢由律師賺，判決由法官裁定，而好戰的父母這個最複雜的領域卻留給小孩去摸索應對。**經過三十五年的伴侶諮商經驗後，這是連我都幾乎無法處理的事。

這類治療工作常常困難又令人沮喪。這些家長會突然拒絕前來晤談，或是在半途離開；他們還會把電子郵件副本給治療師，裡頭列出他們過去互相輕蔑與虐待的內容，那些指控可能令治療師嚇壞，有時需要打電話給家庭醫師或社工。約翰尼斯與蓋比麗兒的案例正是如此。

他們有兩個小孩，是兩人爭執的對象。四歲的納森在兩人離婚的數個月前，被診斷出自閉症，另一個則是二十個月大的米亞。我從未見過他們的小孩，而且剛開始時，他們都沒有實際談論過納森或米亞。他們經常提及小孩，但我需要很長的時間才能了解這兩個小孩過得如何，有時候感覺孩子只是被爭奪的物品。

第一次晤談是場噩夢。他們分別前來，蓋比麗兒先到，並反對她必須在外面等到約翰尼斯抵達才能進諮商室的這項規定。我知道若男方不在就開始晤談會非常嚴重，我不希望一開始就創造出她和我已建立融洽關係的感覺，而他被排除在外。但當時我沒有候診室，當天外頭又相當寒冷刺骨。時間一分一秒過去，我對將蓋比麗兒留在街上感到越來越過意不去。終於，我聽見腳步聲，兩人跌跌撞撞地走在樓梯間，衝進我的辦公室。他們的體型使我感到震驚，似乎占據了許多空間，我忽然覺得他們的出現令我有點不知所措。

「可以開始了嗎？」我問道，他們坐在距離最遠的兩張椅子上。

蓋比麗兒帶著敵意看了我一眼，接著無視約翰尼斯，她說：「他媽的，他為什麼那麼晚到？」她沒有等待答覆，就繼續告訴我，她認為來進行諮商毫無意義，她會來只因為法院指定的社工說她必須來。接著她說，我不該相信約翰尼斯說的任何話，因為他是病態的騙子。

這不是一個振奮人心的開始。更糟的是，幾分鐘之內，他們倆已經情緒崩潰，我只是個旁觀者，而約翰尼斯指控蓋比麗兒故意誤導他約診的時間。

我舉起手，掌心向外，堅定地告訴他們，如果他們想要將錢花在爭吵上當然可以，但這麼做是無意義的浪費，更重要的是，這樣完全無法幫到他們的小孩。我無法說這是轉捩點——因為在第一次晤談中，我必須六度舉起手來阻止他們——但是當我請他們告訴我納森和米亞的事，當我詢問米亞的語言發展和他們對納森診斷出自閉症的感受時，他們變得稍微謹慎一些，至少維持了一陣子。

第一次晤談的四天後，我收到約翰尼斯的電子郵件，信中表示他和孩子的聯繫遭到阻擋，因為蓋比麗兒指控他對納森的行為「不當」。我的心頭一沉，這相當令人憂心。我得知納森顯然告訴他的母親，他在洗澡時「玩了」爸爸的陰莖，而現在社工正在進行調查。約翰尼斯大為光火，聲稱除了四歲小孩的平常好奇心之外，什麼都沒有發生。我對他們取消晤談並不意外。

離婚的日子很不好過，失去愛和對某人的歸屬感令人不知所措且痛苦。我們經常豎起相當巨大的障礙來哀悼損失，以至於似乎難以跨越這些障礙、迎向未來。有些人靜靜地哀悼，他們退縮並隱藏自己；有些人大聲地哀悼分離，向朋友、治療師、同事和家人分享他們的憤怒、傷痛與憂慮；更多人則是生氣地哀悼，對自己的損失憤怒、對其中的不公平暴怒、對損失造成的無力感勃然大怒。

然後，憤怒之際，我們尋求責備和懲罰，而這是法庭攻防戰的強力配方。

兩個月後，他們請求再次進行諮商。約翰尼斯在電子郵件中告訴我，單位已進行調查，社福人員的報告顯示沒問題。孩子能夠繼續到他的住處過夜，但是他寫道，蓋比麗兒仍舊在他和小孩的聯繫之間設立障礙。我同意隔週與他們會面，且有心理準備迎接困難的晤談。

約翰尼斯在抵達的幾分鐘內，描述著兒童福利調查、侵擾和羞辱時，憤怒地崩潰痛哭。他告訴我他有多害怕、有多恐懼。他會被指控虐待嗎？他會失去孩子嗎？他和兩個小孩暫停聯絡長達一個月，他只能在聯絡中心見到他們，同時有一名社工在觀察他。當他說話時，蓋比麗兒坐著聽，似乎感到愧疚。但是她的沉默並未維持多久，不久後，激動的兩人開始爭吵。再一次，我持續將焦點放在他們的孩子如何遭受這場鬥爭的傷害，他們似乎慢慢地聽進去了。

「我知道你們非常想要傷害彼此，為自己感到的痛苦和悲傷向對方報復。但是你們需要了解，沒有精準反擊這回事，總是會附帶損失，你們的孩子每天都在遭受你們戰爭的砲彈碎片襲擊。」

在這個初期階段，我和他們進行過多次單獨的晤談。我知道兩人都還被這段關係發生的事和結束的方式深深傷害著，而我堅信殘留的感受會對他們養育子女造成阻礙。他們告訴我，他們的關係總是熱烈、激情而狂暴，儘管他們已下定決心結束關係，但生活也難以繼續往前進。他們藉著不停的爭吵保持原來關係中的激烈程度，即使現在已分開，他們似乎還跟在一起時一樣，透過這些爭執相互糾纏。這些爭執是避免真正結束的一種方法嗎？或許熱烈的戰鬥，好過於面對哀悼的孤寂？

約翰尼斯是犯罪小說作家，這樣的職業搭配令人納悶。他辯才無礙、充滿自信，這種自信來自出色的教育和事業的成功。然而，儘管他有氣勢宏偉的體型和聲音，他卻傳達出焦慮的脆弱感。他還是幼兒時，他的母親曾暫時將他交給社福單位照顧，導致他與養父母度過一段時間，也待過兒童之家。他有時會見到母親，但是她一直無法為他提供永久的家，因此他最終在六歲時被收養。他告訴我，他的養父母很有愛心，但他們是福音教會的教友，這意味著生活相當嚴格，且受到規定的約束。現在，他痛恨規定或任何僵硬的情形，儘管他因為失去房子而感到頭暈目眩，而且相當害怕蓋比麗兒會將小孩從他身邊帶走，他還是難以遵守和小孩見面的時間與方式的所有規定。約翰尼斯機智敏捷，當我指出他在童年早期經歷的遺棄，以及養父母的僵化如何影響著他對現況的回應時，他立刻就能明白。不過，儘管他理智上知道這一點，在內心深處他仍舊感受到難以承受的猜疑與恐懼感。

約翰尼斯開放地流露情感，蓋比麗兒則相對封閉。她將悲傷鎖在心裡，且不將我視為盟友，而是一個評斷她的人。她驚人地漂亮，圓潤的臉龐透著光亮，有著淺橄欖色的皮膚和深棕色的直髮。她說話帶有濃厚的南非口音，經常把臉從我身上移開，這樣的組合一方面讓我覺得受到冷落，一方面又對她感到好奇。後來，我開始了解到她將臉轉開是為了隱藏她的感受，因為對她來說，若顯露出脆弱的一面會帶來極大的羞愧感。她很少說童年的事，只談到她父母在她四歲時離婚，她的母親和一個霸道、自私的男人再婚，而蓋比麗兒痛恨他。她的繼父在她十九歲時過世，蓋比麗兒對繼父過世的冷漠在她和母親之間造成永久的隔閡。

我和他們先進行雙週晤談，然後改成每月晤談，這樣過了將近一年，情況才較為平靜。接著，隨著對孩子扶養和金錢議題達成了大致的協議後，他們結束諮商，同時也明白若是願意他們可以偶爾來見我，而他們確實這麼做。大約每半年他們會前來，我們會討論他們正在努力解決的問題。米亞要去哪間托兒所？要給納森提供什麼協助？約翰尼斯的新女友是否可以和孩子見面？

和離婚的伴侶一起諮商時，我常想到「所羅門王的審判」，這則故事來自《舊約聖經》，故事中以色列的所羅門王在兩名婦女間進行仲裁，兩人都聲稱是孩子的母親。由於無法取得協議，所羅門告訴這兩位母親，解決方法是將小孩切成兩半，這樣一人就可獲得一半。一把劍被送到所羅門王面前來執行他的判決，接著，真正的母親因無法忍受看到兒子被殺害，將孩子讓給另一名婦女以解救小孩的性命，而另一人則同意將小孩切一半。這樣一來，假母親暴露身分，所羅門王將小孩還給真正的母親。有時候，在和約翰尼斯與蓋比麗兒一起協商時，我感覺我好像被要求化身為所羅門王，儘管我從未建議將納森或米亞大切八塊！

我為約翰尼斯與蓋比麗兒感到光榮，也對自己的工作感到自豪。他們或許還是會吵架和咒罵，但是到頭來，他們決定不要傷害孩子，並且將孩子擺在第一位，即使這意味著有時得向對方讓步。

但是，隨著封城開始執行，他們故態復萌，在各自的陣地中激烈爭吵。我懷疑Zoom是否讓他們更容易激昂地發言，因為他們覺得透過電腦提出指控比在現場、在本人面前更加安全。我們幾年來的所有成果，此刻彷彿通通化為烏有，我猜想這是否是封城三週的結果——學校和托兒所關閉，他們兩人現在都獨力照顧孩子。約翰尼斯看起來頗為絕望，而他的絕望感開始感染了我。他的聲音和影像隨著斷斷續續出現的訊息「約翰尼斯的網路不穩定」而消失。我很頭痛，因為我試著拼湊出發生什麼事，但不可能聽懂多少東西，因為三個字裡我只能聽見一個字。

「蘇珊娜，你能聽到我說話嗎？蘇珊娜，我可以說話嗎？」

蓋比麗兒打岔：「約翰尼斯，為什麼你的網路那麼爛？你不能想辦法嗎？把你的視訊關掉。」

最後，我得知爭端是關於封城時孩子應該住在哪裡。納森與米亞目前住在蓋比麗兒在哈克尼的家，但是當疫情來襲時，約翰尼斯從維多利亞公園的公寓逃到他女友在薩塞克斯的小屋。蓋比麗兒堅持孩子不應該坐長途車程到鄉間，因為這樣違反規定且不安全。如果約翰尼斯想見他們，他就應該回到倫敦。

「他們不可能去薩塞克斯，這樣不安全，我不希望他們離我那麼遠。如果他們生病了怎麼辦？還有，如果他們和我在一起時，我生病了怎麼辦？我甚至不知道約翰尼斯不在家，直到我星期二偏頭痛打電話給他，他說他不能來接他們。所以，蘇珊娜，我一個人待在他們身邊，然後煩惱著我會不會因為新冠病毒病得很嚴重。這完全摧毀我的信任……和往常一樣，你總是將自己擺在第一位。」她本來還要繼續說，但是我在句子中間打斷她。

「約翰尼斯，我不太清楚你為何在薩塞克斯？」我問他，希望他能透過閃爍的螢幕聽見我。

「我需要陪伴麗姿。」

「他媽的這是什麼意思？」蓋比麗兒打斷他，「為什麼？為什麼你需要和她在一起，而不是和你的孩子在一起？」

接著一陣安靜。

「約翰尼斯，你還在嗎？」我問道。

「是的，我在。聽著，蓋比，很明顯應該讓小孩離開倫敦——倫敦是所有病毒的聚集地。我認為他們跟我在這裡會比較安全，只是幾週而已。你甚至沒有院子，而他們在這裡有許多空間，可以享受好天氣——」

這些話引發了一場風暴——這場風暴占據了剩下的晤談時間，而且我無法平息。雙方都很生氣，約翰尼斯相信蓋比麗兒故意誤解他的意圖，另一方面她極度憤怒，而且我懷疑她非常懼怕他會在這場爭吵中獲勝。這次晤談唯一得到的好結果是，他們同意在三天後進行另一次晤談。

我們再度於Zoom上面晤談時，情況變得較為冷靜。約翰尼斯在上一次晤談後開車回到倫敦，而且前兩晚小孩都和他待在倫敦的公寓。孩子們此刻在隔壁的房間看電視，而我試著協助他們的父母達成照顧他們的協議。

「蓋比，你要我或小孩待在倫敦，這完全沒有道理。麗姿有個迷人的小屋，離海邊不遠，他們會有自己的房間，這對孩子來說更合適，而且更安全。如果你把小孩放在第一位，考慮什麼對他們最好，那你會很樂意讓他們去那裡的。」

他照著這個邏輯繼續說了幾分鐘，儘管語調理性，但我能察覺到蓋比麗兒一想到她的小孩和約翰尼斯與麗姿在夢幻小屋裡安頓下來，她就變得越來越痛苦。她說話時，聲音短促且刻意。「小約，你知道，我認識你一輩子了。這和孩子無關——你我心知肚明。」接著，她對我說：「因為他無法離開他該死的女朋友，那也無所謂，但我們正在他媽的一場該死的疫情中，你幾個星期不要每天做愛會死嗎？」

接下來的幾分鐘，是一場指控和侮辱的風暴，他們就像過去糟糕的日子一樣互相大吼、抱怨，憤怒的強度似乎更甚以往，彷彿螢幕保護著他們，他們可以失去理智。我向前傾對著鏡頭說：「好了，好了！大家都冷靜下來。約翰尼斯！蓋比麗兒！拜託！」但是蓋比麗兒已全面爆發，無法制止。

我感到無助，如果他們和我身處一室，我知道我能讓他們閉嘴。我本身權威的力量和他們的分寸會帶來一些秩序，但是在Zoom上面，我就是無法把權威感傳達過去，我挫折地坐在椅子上。

「如果我生病，誰來照顧小孩？如果你和她溜搭到薩福克，誰會來幫我照顧小孩？」

「不是薩福克！是薩塞克斯！你又聾又笨嗎？」

他們就這樣來來回回地爭吵，所有我平常的妥協方案在這個情況下都派不上用場。新冠肺炎的限制禁止人們長途旅行，但約翰尼斯下定決心在隔天回到薩塞克斯，他不斷揚言要帶小孩一起去。我們沒有任何進展，我發現我不確定什麼是最佳方案。大家都知道倫敦是新冠病毒的中心，而蓋比麗兒沒有院子的小公寓會是最佳選項嗎？或許孩子待在鄉下的確會過得更好？我能想像他所描述的鄉村風情對孩子有益處，但是我也知道，米亞和納森很難和母親分開連續數週。我感到很痛苦，而我還是不太了解為何約翰尼斯這麼堅持，不顧封城也要跑去麗姿家？

這次晤談結束時，約翰尼斯達成一項薄弱的協議，他隔週會留在原地，但之後他就不做出任何保證。

這一整天用Zoom進行晤談，好不容易終於闔上筆電，我下樓去煮晚餐，並為自己倒一大杯琴通寧，這時電話發出通知聲——是約翰尼斯傳來的簡訊。

嗨，蘇珊娜，不好意思打擾你，明天我可以打電話給你嗎？我必須回去薩塞克斯——麗姿已經懷孕五個月，情況不太好。我需要找個辦法對蓋比麗兒坦承這件事。

小約

現在事情就說得通了。我倒了一些水來煮義大利麵、將洋蔥削皮，然後思考接下來該怎麼做。約翰尼斯和蓋比麗兒都有自己的脆弱之處，他們都因為害怕失去孩子與被對方控制而容易情緒化。這樣五味夾雜的有害感受，導致了難以承受的情緒風暴，兩人在風暴中都無法冷靜地思考。麗姿在疫情期間有了新生兒不會讓情況變得更簡單，蓋比麗兒將測試約翰尼斯對她與孩子的忠誠度；危險的是，約翰尼斯不會安撫她，反而會覺得遭受壓迫而發怒。蓋比麗兒本身的童年經驗，也可能加劇已經緊張的局面，我知道她喜歡麗姿，但是她的兩個孩子現在成為全新家庭的一分子，而她被排除在外，這將與她自己的經歷相呼應，使她難以適應。當我壓碎大蒜、啜飲著我的雞尾酒時，我相當不看好他們能夠不再吵架就度過封城期間。

對離婚的家長來說，新伴侶和新生兒是極度具挑戰性的事情，這會啟動競爭的狀態，使同理心和關心幾乎蕩然無存。在嬰兒時期，我們和父母之間出現任何潛在的威脅，我們天生就會抗議；而當孩子產生不安全感時，抗議通常會更大聲。這就是孩子幾乎總是對新出生的弟妹感到矛盾的原因，他們不確定這是令人高興的新玩伴，或是會從他們身上奪取父母關愛的人。人類生兒育女也同樣出於本能，經常受到生理衝動的驅使。如果我們覺得自己的小孩受到威脅，或是我們和他們的關係遭受風險，我們也會強烈反應。如果我們自己的童年沒有安全感，或許就會對這些威脅特別保持警戒，而當我們感覺到危險時，就更可能被迫做出情緒反應，而不是經過理智的思考。我清楚這種情況，但我該如何協助蓋比麗兒和約翰尼斯度過這場風暴？

我擔心他們會用盡全力地爭鬥。蓋比麗兒會抓緊小孩，約翰尼斯則變得控制欲強烈，甚至會採取激烈手段做為回應，而這將證實蓋比麗兒最糟糕的恐懼。我曾經目睹他們在許多時候展現這種互動狀態，現在又來了。他們在封城時期陷入僵局，這需要時間和努力來解開所有這些糾纏不清的感受。

我的背部有問題，我都說是Zoom害的。盯著螢幕造成我頸背部出毛病，或許是因為我經常將脖子往前伸，以更靠近我的個案。約翰尼斯和蓋比麗兒的晤談在初夏時斷斷續續進行著，他們的情況看起來退步那麼多，讓我感到不滿和沮喪——他們變得心胸狹窄、報復心重。蓋比麗兒表面上相當能夠接受麗姿懷孕，但是關於納森是否應該在九月開始上學的爭執，此刻已經爆發。

「納森在目前的情況下無法應付開學，你想送他去學校這樣很自私。蓋比，你又來了，重點都在於你和你想要的，而不是他。像他這種有特殊需求的小男孩，如何應對戴著口罩的老師，而且家長又不准進入學校？這整件事都他媽的很荒謬。」約翰尼斯氣焰當頭，我舉起一隻手，並提高音量阻止他。

「你不再相信納森了，」蓋比麗兒說著，厭惡地搖搖頭，「你完全不尊重他，他想上學，他期待這件事已經非常久了，我、我……」她努力想著該怎麼說，「我認為你一直在抹殺他，彷彿因為他有自閉症，他是否上學就完全不重要。我已經將一切都打理好了，我去了伊斯林頓確保他有幫手，也和他的班級教師談過話、和校長線上會談三次。你他媽的做了什麼？而現在，你要他不去上學……去你媽的！」

在一次又一次的晤談中，情況一直如此。短暫的協議無法維持，我擔心他們會重返法庭——雖然不太清楚他們到底在爭論什麼。接著，兩週後情況出現了突破，一切都拜米亞所賜。

他們在海格森林公園交接小孩，接著開始爭吵。同一時間，米亞在兒童遊樂區跌倒。兩人都沒注意到她，另一名家長把她抱起來，因為不知道她是跟誰來的，就帶著哭泣又流血的米亞到咖啡廳找園區管理員。約翰尼斯和蓋比麗兒終於注意到米亞不見了，他們發狂地拉著納森在公園中跑來跑去。等到他們找到她，米亞的狀況已經糟糕到需要幾個小時來安撫。才剛脫離尿布的米亞，現在又退步了，會大小便在褲子裡，這點讓兩人感到驚慌。

「我看得出你們都非常震驚和難過，情況一定很令人害怕，非常嚇人。」他們的臉上充滿羞愧和罪惡感，但我不想說出來，我希望由他們自己說。

他們兩人都點點頭，接著是一陣沉默，然後蓋比麗兒開始說話。

「不能再這樣了，我知道我們必須停止這樣，我不想傷害孩子，這是我一直同意和你進行晤談的原因，蘇珊娜。聽著，小約，你要怎樣都行。如果你不要納森九月開學，好，無所謂。我們只是必須意見一致，我無法再繼續爭吵了，這樣真是折磨我，而我們讓孩子們失望了。」

接著我看見約翰尼斯淚流滿面、痛苦萬分，然後我也覺得想哭。蓋比麗兒使我感動，她強烈的感情和懊悔穿透Zoom，直達我的內心。接著約翰尼斯開始緩慢、結結巴巴地說話。

「不是你的錯，蓋比，主要……都是我不好。我一直對你生氣，害了納森，害了我們，導致我們分開。對不起，對不起。」

然後，他們倆都哭了起來。

「你們長久以來都對離婚感到內疚，」我開始說話，「懷抱這份罪惡感相當痛苦。我想或許這來自於你們覺得自己做了殺傷力十分強大的事導致離婚。然後，你們都試圖擺脫這種可怕的罪惡感，所以把罪惡感推開，並把責任推給對方。也許現在可以停止了？也許現在你們可以試著承擔自己的內疚感，去擁有它、解決它，然後停止責怪。」我停了一下。「如果不這麼做，內疚感將會加劇，**因為你們之間的怒氣，會讓你們產生自己有強大殺傷力的感覺。正如我們剛剛聽到的，怒氣使你們忘記孩子的需求**。內疚、生氣、責怪，然後又是內疚、生氣、責怪。這是個循環，而我想你們準備好要終止這個循環了。」

我安靜了，他們也安靜了。這麼久以來第一次，我感到一切都很平和。

12

不願接納繼女同住一個屋簷下

凱莉安變成了邪惡的後母

我有一種強烈的厭惡感。
這對夫婦看起來如此冷酷無情、以自我為中心，
我根本不想問自己他們為什麼會這樣。
我只想保護可憐的娜塔莉。

在第一次封城的最初幾週裡，每次線上晤談都證實了人們有多麼焦慮。即使有些人說自己被隔離在家中，感到一種脫離工作的新自由，但那些人在我看來是某種程度上與現實脫節。有一個自稱「喜歡封城」的男子，夢見自己騎著一匹馬，但馬的腿脫離了，他發現自己被困在流沙裡。另一個個案夢見一個烤箱，但烤箱的內部結冰了。而我，仍然因為生病而苦惱，同時也感到孤立和困惑。我所有的視線固定點都消失了，我覺得我無法透過螢幕上搖晃與不確定的畫面，來與我的個案建立連結感。就在此時，戴若和凱莉安出現了。

伴侶諮商師的一個核心原則是公正，我努力控制這種緊張局勢，避免偏袒任何一方，這種平衡對於建立信任至關重要。我早已了解到，雖然看起來其中一方要對問題付起更多責任，但實際上，夫妻之間的痛苦是他們一起「製造」出來的。但談到戴若和凱莉安時，我發現自己不僅站在某一邊，而且還扮演著陪審團、法官和處罰的執行者。

就在第一次封城即將結束時，他們要求與我預約，我把跟他們的會面延遲至七月初，以便我可以在倫敦市中心的諮商室與他們面對面會談。我做了充分的準備，購買了消毒噴霧劑和凝膠，並搬動了家具，以達到兩公尺的社交距離。儘管我現在有了新冠病毒的抗體，但我還是懷著恐懼的心情回到了安妮女王街。

凱莉安還不到三十歲。她說話時帶著濃濃的美國腔鼻音，長得很漂亮，有著一頭帶點塑料感又光亮的赤褐色短髮，皮膚曬得很黑。戴若四十多歲，留著一頭過長的薑黃色捲髮，臉上帶著沙褐色雀斑，說話時有著柔和的蘇格蘭口音。如果不是那頭因為封城而變得狂野的頭髮，他會非常英俊。經過數週的線上會議後，能在我的辦公室裡與人實際碰面，那種衝擊的感覺是多麼驚人。幾個月以來，我突然覺得比較有活力了，很高興能見到一對夫婦本人。

他們在兩年多前透過一家相當專門的約會機構認識的，該機構替尋找愛情的富人服務。他們的第一次約會去了高級地段騎士橋的文華東方酒店，到了名廚赫斯頓・布魯門索（Heston Blumenthal）的高級餐廳。在那個迷人的夜晚之後，又去了巴黎、巴貝多和紐約進行花費高昂的旅行。兩人都因失敗的戀情而傷痕累累，很快地就從對方那裡尋找到安慰，並確認他們的前伴侶都相當野蠻和霸道。

這是戴若的第三段婚姻。第一任太太是阿比芭，她現在和他們二十歲的兒子住在南非；前任太太是布瑞妲，他們有兩個女兒，十一歲的娜塔莉和八歲的凱瑟琳。在第一次的晤談中，他們回顧了布瑞妲是多麼地可怕和瘋狂，以及她是一個「非常糟糕的母親」。凱利安解釋說，戴若多年來一直受到布瑞妲反覆無常和控制狂行為的影響，最終他在兩年前崩潰並離婚了。從他結結巴巴的敘述中可以清楚看出，他認為離婚和分配財產很殘酷。我想，這段經歷仍然深深困擾著他，並留下了傷痕。

然後凱莉安告訴我她的故事，其中有許多與戴若的故事相呼應的地方。她和凱爾交往了三年，從她的生動描述來看，這個男人是個惡霸，會劈腿和欺騙。「我無法想像凱莉安是怎麼和那個男人在一起那麼久的，」戴若接著她的話告訴我，「老實說，他把她搶了個精光，賴在她的公寓不走，還偷了她的車。」

看來，當他們相遇時，凱莉安已經陷入嚴重的經濟困難，而戴若出手相救，為她聘請了最好的法律團隊，盡可能迅速地把她的前伴侶從她的生活和公寓中趕走。在他說話的時候，我強烈地感覺到戴若認為自己有點像英雄，是多麼地重要。我說，聽起來他對凱莉安就像是英雄救美，他們都咯咯地笑了起來——我可以看出這個想法很吸引他們。

他們在患難中建立起感情，對各自前任的法律詭計一同感到憤怒。戴若的離婚判決最終在七月出爐，他們沒有浪費時間來安排兩人的婚禮，而是直接選擇在夏季尾聲時，到義大利拉維洛的塞姆柏郎別墅酒店結婚。我從自己的旅行經驗中略知，這個地點既浪漫又昂貴。

隨著時間一分一秒地過去，我開始懷疑他們為什麼會來。即便他們以前的配偶曾帶來了很多麻煩，但我所聽到的一切似乎都顯示，他們是非常有成就的人士，而且結婚還不到一年。

凱莉安看著戴若，「跟她說我們為什麼來，你解釋一下！」她指示說。他抬起雙手，攤開來做出無奈和聽從的手勢。

「嗯，是這樣的，呃，封城和其他的事情，我的妻子，我是說我的前妻，無法應付，所以，呃……呃，她說，呃……娜塔莉和凱瑟琳需要來和我們住在一起……」他停下來，焦急地看了一眼凱莉安，「還有，嗯……凱莉安覺得凱瑟琳還好，但娜塔莉就……」

他停下來，凱莉安向他投以憤怒的眼光，「我不是那樣說。我沒有說她不能來，是她不想來，她恨我！」她最後強調說。

我當時終於知道問題出在哪裡了，以及這將是多麼棘手的問題。戴若被凱莉安的語氣嚇了一跳，低下頭，等著她說完。

「她恨你？」我問道，接過她最後的話，希望能聽到更多的事情。但現在他們兩人都安靜了，我覺得他們在告訴我，這個話題實在太危險了，不能探討。

「我能明白要談論這個問題非常苦惱。結婚沒多久，你們之間就遇到了這樣的難題，會很傷腦筋的。」

兩人都點了點頭，但不知怎麼地，後續的晤談沒有進一步討論到戴若的女兒，很快地他們就離開了我的辦公室，而我還是一無所知。

再次見到他們已經是七月下旬了，我去康瓦爾郡度假，我很需要這樣的短暫休息。解封後大家都放風出來了，這讓我恢復了活力，我回到安妮女王街，越來越感覺到情況正在恢復正常。然而，我的大多數個案仍在使用Zoom與我線上諮詢，不願前往倫敦市中心，因此我特別期待與戴若和凱莉安進行面對面的晤談——這將是一個讓人感到愉快的變化。

結果他們氣沖沖地過來。凱莉安剛去購物，手裡拿著幾個時髦光鮮的紙袋，戴若幫她拿過來，把東西放在我們之間的地毯上，擺成屏障一樣。他們坐在我為了防疫而用塑膠膜包覆的沙發上，看起來很不舒服，我注意到他們今天彼此坐得很遠。閒聊幾句後，他們陷入了沉默，但只需要我稍微提示，他們就會傾訴彼此之間出現的痛苦和失望的感覺。我以前曾替許多再婚家庭進行諮商，所以小孩和凱莉安要辛苦地建立關係，對我來說並不訝異，但凱莉安談論娜塔莉的方式，卻讓我感到震驚。娜塔莉是一個年僅十一歲的女孩，她勢必還在慢慢接受父母離婚的事情，所以我很難不對凱莉安頗有微詞。

在大多數的家庭中，隨著歲月的流逝，「聯盟」會發生轉移和變化。小時候親近的手足，到了青少年時卻發現彼此不和；曾經是最好哥兒們的父子，後來發現各自在爭奪注意力和權力。這些變化是自然且正常的，儘管常常讓人痛苦，但隨著每個人變得更成熟以及新身分的嘗試，這些變化是家庭每位成員的正常發展。然而，離婚打亂了這些過程，再婚家庭的情況更是如此。

「她不喜歡我，我也不喜歡她，」她用簡短、防禦性的語氣說，「我不可以受到不尊重的對待——這對我不公平，戴若也知道這一點。我不希望她過來住，然後給我那種狡猾的眼神，還試圖讓她爸爸站在她那邊。她必須知道情況已經變了，她不能一切都順她的意。」凱莉安現在滔滔不絕，列舉了小娜塔莉對她施加的所有可怕輕視。她從來沒有穿過凱莉安給她買的那件洋裝，也沒有幫傭人把盤子端到廚房……凱莉安就這樣一直說個不停。

「問題是，她讓戴若對她百依百順，而他根本無法拒絕。我看得出來她在操縱你，親愛的。你看不出來，但我可以！我不明白你為什麼讓她穿成那樣！布瑞妲並沒有教她，不能穿髒兮兮的短版上衣和破舊的緊身褲出去吃飯。我真的替娜塔莉感到難過，這不全是她的錯。如果沒有人告訴她如何舉止得宜，那麼她會如此嬌慣也就不足為奇了。」

我以為戴若會提醒她，替他還小的女兒辯護，解釋女兒在凱莉安面前會有容易受傷的情況。但他並沒有，他似乎更想安撫凱莉安，還與她一起批評娜塔莉。

「別怪我，親愛的。我知道她很難搞，我和你一樣對她很頭痛。她非常不懂得感恩，非常像她媽媽，沒有人能指望你把事情弄好——但是，親愛的，責備我真的不公平，如果你說我們不能讓娜塔莉過來住，那麼布瑞妲就不會讓可憐的凱瑟琳來，我們想要凱瑟琳過來，不是嗎，親愛的？」

當我聽到這句話時，我的腦海裡浮現出幾年前在一場講座上，聽到菲利普和卡羅琳·考恩（Philip & Carolyn Cowan）的一項研究，這對夫妻檔美國心理學家是加州大學柏克萊分校的教授。他們在研究中注意到，如果一對夫婦在一起不開心，父親與女兒的關係似乎就不那麼親密。這個道理是，因為男方對妻子的負面情緒會蔓延到他們與女兒的關係，就好像男方在腦海中混淆了這兩種關係一樣。這就是戴若的情況嗎？這就是為什麼他對娜塔莉如此失望嗎？

當他們離開時，我用手掌摸著自己的臉，我有一種強烈的厭惡感。這對夫婦看起來如此冷酷無情、以自我為中心，我根本不想問自己他們為什麼會這樣。我只想保護可憐的娜塔莉。他們下週會再過來，我鬆了一口氣，因為這樣我就有時間與同事協商。我知道如果我想替他們諮商，我需要別人的幫助。

但我沒有時間與同事交談。那天晚些時候，我打電話給凱莉安，她在電話的另一頭一邊啜泣、一邊尖叫。我設法從她的哭泣中了解到，戴若已經離開她了，並回到布瑞妲那裡去了。她當時歇斯底里，非常絕望。她應該怎麼做？他們大吵了一架，亂扔東西，她推了他一下，然後走出去，一個小時後她回到家，他已經離開了。

「凱莉安，你為什麼認為他在布瑞妲那裡呢？」我問道，卻遭到了一聲哀號。她不確定他在那裡，她只是假設。所以我向她表示，也許他沒有和布瑞妲在一起，只是在某個地方舔著傷口。我告訴她，下週我會跟她諮商，試圖給她灌輸一些界線和冷靜的感覺。

但這無濟於事，整個週末我都被電話和簡訊轟炸，現在戴若也加進來，告訴我他的故事版本。他根本沒有去布瑞妲那裡，他待在他們位於聖約翰伍德的高級住宅旁、轉角的一家旅館裡。她攻擊他，傷了他的心。我可以看出他們努力讓我站在他們那一邊，而說實話，我仍然比較認同戴若，不管是誰，像凱莉安這樣談論一個十一歲孩子的人都必須受到譴責。我覺得自己被夾在他們中間，所以我給他們發了一封聯合的電子郵件，然後決定不再回覆他們的任何簡訊或電話。

親愛的戴若和凱莉安：

很遺憾，你們遇到難以解決的問題。我會在星期二下午兩點十五分與你們會面，屆時我們可以一起思考目前的情況。

祝好。

蘇珊娜

到了週二那天，當我走在馬里波恩高街上時，我想到了凱莉安和戴若。就像所有精神分析治療師都受過的訓練一樣，我反思了自己對他們的感受。我從理智上知道，他們在我心中激起的情緒可能會幫助我更能了解他們的內心世界，但我無法擺脫我心底那種快要受不了和不屑的感覺。我對凱莉安感到特別厭惡，她怎能這麼排斥這個小女孩？她對這個孩子缺乏母性的感覺，這件事有點不自然。然後我想，我這樣是妄下斷語，畢竟我對凱莉安的了解很少。更不用說，對戴若的了解也很少。為什麼凱莉安應該要特別喜歡娜塔莉呢？難道只因為她是個女人，我就期望她特別會照料小孩？我的判斷是否受到性別偏見的影響？

想到這裡，我意識到他們這整件事情似乎都有「偏袒一方」的現象，一切都是「好人」與「壞人」的二元思維。凱瑟琳很好，娜塔莉很壞。他們的前夫前妻都是非常糟糕的壞人，而且顯然要完全為他們之前婚姻中出現的所有問題負責。就是戴若和凱莉安的關係，也同樣是鮮明的黑白分明、二元思維。前一分鐘，戴若和凱莉安還處於理想的幸福中，而下一分鐘一切就都結束了，他們陷入了地獄。我是否也犯了偏袒一方的錯誤？我似乎把戴若當成了長期受苦的好人，認為他已經盡心盡力了；反之，我覺得凱莉安的行為就像被寵壞的孩子。

這種分成好和壞的情況，我以前也遇過很多次，我知道，在這種狀態的背後，他們兩人的內心恐怕都遭受了很多痛苦。當我走到安妮女王街時，我並沒有更喜歡他們，但我開始對他們有了一點好奇心——事實上也只能如此了。

當他們坐在沙發上劈啪作響的塑膠膜時，他們似乎有點難為情。戴若開始說話，凱莉安小心翼翼地摘下她的口罩，解開手提包的鎖扣，並塗上口紅。

「這個嘛，自從我們上次見到你以來，情況有點起伏不定。」他笑了一笑，但從這種歡樂的氣氛中，我可以看出他很不自在。「不過現在一切都解決了，蘇珊娜。如果我們讓你經歷了一點不愉快的事，我很抱歉，」他笑著說，「我們已經停止吵架，都和好了！」

我等了一會兒，但他們都沒有說話。最後我說，「看來你們的關係極度幸福快樂，但也有令人無法忍受的地方。我想這些情緒的波動可能會很難應付。」

他們互相看了看，凱莉安聳了聳肩說：「我討厭這樣，好像我們把對方逼瘋了，戴若從不承認他也有責任。他說都是我，都是我的錯，我要負起所有的責任。但他激怒了我……昨天，當我們應該一起做晚餐的時候，他花了一個多小時和娜塔莉說電話，對她甜言蜜語，因為她正在鬧孩子氣。我能聽到他答應週六帶她出去，但那天我們已經計畫和朋友去打網球，而且……」此刻的她說得滔滔不絕，似乎越講越生氣。我看著戴若也變得越來越激動，他先前輕鬆的樣子消失了，他皺起眉頭，看向別處。我可以看出他們即將陷入更具破壞性的事件中，這將使我們一無所獲，所以我打斷了她的喋喋不休。

「也許擴大視角會有所幫助。」我提議。他們看著我，不理解這是什麼意思。「我聽了一些關於你們目前遇到的困難，但我依然對你們兩人不太了解——我知道你們是怎麼認識的，對你們前段的婚姻關係也有一點了解，但我對你們的家庭背景一無所知。如果能更了解你們的成長過程，我們也許可以一起思考這些不安情緒的核心是什麼？」

我知道，如果不深入了解他們的家庭，我將繼續迷失在深海裡。如果我要開始幫助他們，我需要了解他們可能會重複什麼，並試圖解決他們過去的問題。我以為他們不願意告訴我太多，但凱莉安插嘴說：「我先說。」

她告訴我，小時候她和母親和祖母住在肯塔基州，但在七歲時，她和母親、母親的新男友和對方的三個孩子一起搬到了東部。她喜歡那位無血緣關係的兄弟，直到現在還與他和他的妻子保持聯繫，但她從來沒有和另外兩位姊妹相處融洽。還有，她一直很想念她的外婆。

「我繼父蠻橫霸道，是一個徹底的控制狂，我們常常爭吵。我一有機會就離開家了。十七歲時，我回到肯塔基州和我外婆一起生活，然後我上了大學，就從來沒有回家過。我的媽媽和繼父在一起是有害的——他們大約十年前離婚了。」

「有害的？怎麼說？」我問道。然後她告訴我，她繼父一直很奇怪，對一切都有「病態的恐懼」，當她十幾歲時，他對她變得更加古怪和「怪異」。我疑惑地看著她，但很明顯她不想再多說了。

「我真正的父親，仍然住在我外婆家附近，我過去常常在人行道上看到他——他會向我揮手。他總是在酒吧裡，有一次我們聊天，但我認為他這麼做是想讓我請他喝酒。」她哼了一聲，嘆了口氣，用手做了一個不屑的手勢。

「你的童年經歷了很多混亂，凱莉安。聽起來，離開你外婆真的很痛苦？」

「是啊。她是我家族中唯一一個和我真正親近的人。她今年九十歲，住在養老院，自從我到了倫敦和疫情出現後，我就沒有見過她，一次也沒有……」她開始哭了，淚水慢慢從她的臉頰滑落下來。戴若握住她的手，她靠在他身上，他靜靜地抱了她一會兒。

我沒有再多說什麼，但我能感覺到我對她的感覺在轉變，因為現在我可以理解凱莉安內在小孩的那部分，並感受到她的生活是多麼複雜。當我在腦海中加進她的經歷時，我覺得這些關聯讓我的畫面鮮活了起來。從擁有自己的媽媽和外婆，到突然失去生命中最重要的人，這是多麼艱難。對凱莉安來說，要跟她的新繼父和其他三個孩子分享她的母親一定很難受。我開始更加同情她與娜塔莉的困難，也許與戴若的孩子們一起分享他們的爸爸，太像在重複她童年時必須做的事嗎？我們靜靜地坐着，等凱莉安平靜下來時，我轉向戴若。

「那你的家人呢？你能告訴我一點事情嗎？」

「你想知道什麼？」戴若問道，但我沒有機會回答，因為他開始講起他的人生故事，一說就停不下來。他告訴我，他在蘇格蘭北部的印威內斯長大，他父親是獸醫，母親是護士。他們非常虔誠，家庭生活圍繞著教會。他的母親偏愛他哥哥，他是一位明星運動員，在學校表現出色。另一方面，他的父親偏愛他妹妹，她也成為了獸醫，並接手父親的診所。他說自己一直都知道他不會像哥哥和妹妹那樣受到關注，但這沒關係，因為他有很多自由。當他十六歲決定離開學校加入海軍時，他們似乎對他沒有抱太大的期望，所以也沒有抱怨過。他詳細談到了海軍是多麼棒的經歷、如何幫助他成長，並獲得創業所需的信心。然後他開始了自己的事業，並詳細介紹他的各種成就、他創辦和出售的種種事業。他描述了目前這個企業背後的聰明點子，以及他計畫朝向的目標。漸漸地，我意識到諮商室裡發生的事情，似乎反映了他處理過去的方式。

「我注意到，戴若，你略過你的童年，很快就提到你離開家的經歷。聽起來，你像凱莉安一樣，你在家中有一些非常具有挑戰性的問題，而且同樣想盡可能快地擺脫這些問題。現在，你在這裡和我說話，你也盡可能想要快點擺脫思考過去的事情。」

他一臉納悶，但什麼也沒說，所以我繼續說：「你介意我們回到你的童年嗎，就一會兒？我覺得我只有模糊的感覺。例如，你的父母相處得怎麼樣？」

「哦，天哪，」他笑著說，「他們互相憎恨，他們甚至無法忍受同處一室。他們不應該住在一起，但是，你知道，他們真的很投入教會活動，所以……」他聳了聳肩，無奈地抬起肩膀。「我妹妹所有的時間都和爸爸在一起，媽媽總是和我哥哥道格拉斯在一起。我呢？我置身事外，如果我妨礙到他們，也不會有人在意我的。」

「你說得好像一派輕鬆，彷彿這種情況對你確實是好事。但我想知道，你當時是否感覺到，也許現在仍能感覺到，你完全被忽視、被拋棄？」

「也許吧……」他禮貌地說，但我可以看出他沒有興趣深入了解。

儘管如此，我還是繼續說：「你認為你們都同樣有這種沒有得到足夠關注的感覺嗎？從我聽到的情況來看，凱莉安可能發現突然要與新的繼父和兄弟姊妹共享她的母親，這相當困難。而你，戴若，你聽起來好像你從來沒有覺得你是最重要的。這讓我懷疑，對於娜塔莉的爭論，部分原因是否在於你們覺得要把對方分享出去是很困難的。你們才在一起沒多久，就馬上必須在你們的關係中為娜塔莉和凱瑟琳騰出空間。也許，凱莉安，對你來說，現在就和戴若一起帶他的兩個孩子，感覺有點太早了？」

他們互相看了看，點了點頭，有那麼一瞬間，我以為我們已經有所進展，這是一個開始。但過了一會兒，戴若似乎對我不領情，不以為然地說：「哦，我不認為我們倆會覺得分享很難，我們都是很願意給予的人，你知道的！」他笑著拍了拍凱莉安的手，告訴她該走了。

他們離開後，我試著把這些零碎的事情拼湊起來。我可以明白，從表面上來看，兩人都擺出了一副「誰在乎」這種不以為意的形象。他們有一層敏感又堅硬的外殼，我試圖要突破心防，但基本上沒有成功。不過，兩人都描述了他們被剝奪關注的童年，我甚至認為，也許凱莉安的經歷中潛藏著一些更黑暗的東西，但她避而不談。難道是父親或父親形象，與女兒之間的親密關係引起她的不安呢？這就是為什麼她如此敵視戴若和他大女兒的關係嗎？她在意娜塔莉的穿著打扮也是一條線索嗎？娜塔莉開始出現第二性徵顯然困擾著她。另一方面，戴若在家中總是被忽視的經歷，如今也是凱莉安遇上他女兒時的經歷。我也想知道，他是否將自己的競爭感受投射到凱莉安身上？**他們過去生活中的所有觀點、所有的恐懼和幻想，都在推動他們此刻面臨到的困難。這些尚未解決的問題，把這對夫婦吸引在一起，而現在，這些同樣的事又要拆散他們了。**

但我從來沒機會知道我的猜測是否有任何道理，因為接下來的一週他們沒出現，當我聯繫他們詢問原因時，凱莉安說他們又分開了。我回信，鼓勵他們來探討這是否是他們真正想要的結果。三個星期過去了，我沒聽到任何消息，然後我收到了戴若的簡訊，說他們已經開始離婚程序，「所以不用了，謝謝你。」

我認為戴若和凱莉安可能有很深層的問題，但如果他們能夠堅持下去，我想我可以幫助到他們。他們的婚姻似乎是為了逃避，逃避他們以前的關係和過去的痛苦。他們在混亂狀態中走在一起，創造了一種幻覺，認為一切都可以被拋到腦後，沒什麼痛苦的事需要去面對和哀痛的。

做出改變、去面對困擾和影響我們人生的可怕事情，這點很難做到，大多數人都想辦法不要去探究太深。我們似乎寧願在手機交友軟體上向右一滑、找一個新情人、喝杯酒、買件新衣服，或者乾脆對問題視而不見。我們的社會鼓勵我們快速行動，因為行動緩慢要花錢。甚至英國國民保健署的心理健康服務，也喜歡用快速的認知行為療法來「解決」問題，儘管這樣根本無法「解決」許多人的問題。相反地，個案在醫療系統中轉來轉去，拚命尋找短期治療無法提供的東西。

從童年開始，凱莉安和戴若就找到了處理傷害和痛苦的方法：他們只是單純地放下過去。而現在他們又這麼做了，離開對方和我，繼續向前。而且沒有回頭看一眼，就是這樣。

13

為了管教孩子吵到不可開交

蕾姬和勞倫斯的親子三角關係

當他們告訴我更多關於兒子伍迪的事情時，
我察覺到，把注意力集中在他們身上有多麼困難。
他們經常會打斷對方，意見不一，
急於告訴我他們對事件理解到的「真實」版本。

蕾姬和勞倫斯一開始的談話，讓我感到很樂觀，認為自己可以幫到他們。他們很快就向我保證，他們會來這裡，不是因為自己有什麼問題，而是擔心二十五歲的兒子整天懶洋洋不想動。

「整天懶洋洋？」我問道。

「是的，就是宅在家裡，」勞倫斯說，「我想蕾姬也認為，他該是時候放下過去往前進了。」蕾姬無奈地嘆了口氣，點頭表示同意。

當他們告訴我更多關於兒子伍迪的事情時，我逐漸察覺到，要把注意力集中在他們兩人身上有多麼困難。他們坐在我的沙發上，是盡可能坐得越遠越好；當他們交談時，我覺得自己就像溫布頓網球賽的觀眾，隨著他們各自發球，我的頭也跟著轉來轉去。他們經常打斷對方，意見不一，急於告訴我他們對事件理解到的「真實」版本。在第一次晤談結束時，我感到精疲力盡。儘管很累，但我有一種很好的感覺，認為他們會覺得這次晤談很有用。他們需要很多支援，但我希望我能幫到他們，進而幫助伍迪繼續他的生活。

在下一次晤談時，他們再次坐得很開。在蕾姬灰褐色的風衣下面，我可以看到她穿著條紋褲襪和橙色燈芯絨洋裝，五顏六色的衣服讓她看起來有點像兒童電視節目的主持人。勞倫斯穿得像個農夫，厚厚的棕色長褲和粗花呢外套，遮住了他的格紋襯衫。他的鬍子刮得很乾淨，稀疏的長髮被撥到臉後，輕輕地搭靠在肩膀上。他們告訴我他們是園丁，從他們紅潤的臉龐和飽經風霜的雙手可以看出，他們在戶外待了很多時間。

「我想說，蘇珊娜，上次的晤談很有幫助。我真的覺得你『明白』我們的問題，而且回到家以後，那天晚上我和伍迪進行了一次長談，感覺有點突破。」勞倫斯剛喘口氣，蕾姬就打斷他的話，「我不曉得你上週和伍迪談過，你都沒說。我也跟他談過，在星期五。你是什麼時候跟他說的？是之前還是之後？」

「這有差嗎？」勞倫斯發起火，舉起雙手，做出氣急敗壞的手勢。他轉向我，用更合理的聲音繼續告訴我，他覺得他與伍迪真的能交心，而且伍迪同意在家裡多做些事，等他完成他的論文後，也許會幫他們做一些工作。

「他的論文？」我問道。

「你幹了什麼？」蕾姬不顧著我就說：「你為什麼說他可以和我們一起工

作？你知道他討厭園藝，如果他為我們工作，這要怎麼幫助他變得更獨立？不會的，對不對？」

這種你一句、我一句的情況一直持續著，我不得不超過時間來管理晤談的進行，讓他們各自都可以發言。我的每一次干預似乎都能與他們產生共鳴，我發現自己非常喜歡他們，他們的熱情和投入是顯而易見的。然而另一方面，我承認對伍迪感到受不了——他聽起來相當自私、懶惰和為所欲為。我心想，對他需要採取更堅定的方法，但很明顯地，蕾姬和勞倫斯似乎打算輪流保護他，無論用的是哪種方式。

下一次晤談時，他們穿著沾滿泥土的厚重靴子來到這裡，接著解開鞋帶放在門邊，穿著襪子躡手躡腳走到沙發坐下。蕾姬先開口，對我微笑，並問候我。

「我想談談星期二晚上發生的事，」她邊說，邊瞥了一眼勞倫斯，他點頭表示同意。「我認為講這件事會很有幫助，因為這是一個非常好的例子，說明了伍迪一直在做的事情。」

「是星期二嗎？」勞倫斯突然打斷，「我記得是星期三，那天我們剛從京士頓回來。」

「哪一天並不重要，」蕾姬冷冷地說，輕蔑地揚起眉毛，看向我尋求認同。

在他們開始如往常那樣爭吵之前，我打斷了他們，「我們繼續談你要告訴我的事情好嗎？我想你們倆都想讓我聽聽看。」他們點頭表示同意。勞倫斯正要說話，但蕾姬用凶狠的眼神要他安靜，主導了局面。

「我們剛從京士頓回來，我們一直待在那裡進行一個大案子，實際上是一個很棒的案子。我感到很疲累，我們倆都是。而且，像往常一樣，伍迪在餐廳裡玩他的遊戲機Xbox，廚房簡直太髒了！他顯然整天都待在那裡，到處都是茶杯、盤子、水杯。而且他一直在抽菸，你能聞得出來。我很客氣地對他說：『請收拾一下。』」

勞倫斯不屑地哼了一聲。

「我確實說得很客氣，」蕾姬回答說，轉向勞倫斯。

「我什麼都沒說啊！」

然後他們又開始爭吵了，關於對待伍迪的態度，以及蕾姬對事情的描述是完全錯誤還是完全正確，繼續爭論不休。

我舉起手說，「別吵了！讓我們一起想想發生了什麼事。」他們才內疚地看著我，然後安靜了下來。

「我不想再起爭執，但說真的，勞倫斯，你為什麼從來都不支持我？我們達成協議——我們已經同意了，不是嗎？我們會要求他幫更多忙，但一旦我挑戰他，你就跳出來為他辯護。為什麼？你讓我覺得我是個壞女人那一類的東西。我不認為我是。」

「你責備他——你知道你做了什麼事，像是他正忙著自己的事，我們一走進去，你就責備他。我不懂，你似乎根本不給他機會。然後你又因為我沒有做什麼事情或怎樣，或沒有支持你而對我大發雷霆。」勞倫斯說完，輕蔑地吐出了最後一個字。

「有過相反的情況嗎？」我問道。

他們疑惑地看著我。

「蕾姬有沒有說過你太強硬、太苛刻呢？有過這樣的情況嗎？」

「有時候……會，」勞倫斯猶豫地回答，「最近沒那麼多，但兒子還小的時候常常這樣說我。你從來沒讓我斥責他，從來沒有，從來！在兒子小的時候——是完全無法罵他的！你和我一樣糟糕。」勞倫斯得意洋洋地總結道。

他們繼續互相大叫大嚷，說誰在伍迪小的時候參與最多、投入最多。我正在想這樣的情況會有什麼結果時，蕾姬開始用不同的語氣說話。

「蘇珊娜，你不知道的是，其實我在伍迪出生的前一年就懷孕過一次了。我在懷孕後期流產。」

「那是死產，蕾蕾，對吧？不是真的流產。」勞倫斯插話說。

然後他們告訴我他們失去的兒子，就在預產期前一個月沒了。他們從來不知道他死的原因；懷孕過程很順利，他們都很高興，然後他就不會動了。當他們說話時，似乎又重溫了當時的恐懼。蕾姬抽泣著，勞倫斯目光呆滯地凝視遠方，我也感到淚水在眼眶裡打轉。但在晤談結束後，我也在想為什麼蕾姬稱那為流產。這樣聽起來比較不那麼痛苦嗎？不知怎麼地，聽起來會更「正常」嗎？

幾個星期過去了，我越來越清楚，他們在對伍迪要保持堅定的態度上，做得很吃力。他們會輪流告誡他，然後又放縱他，所以我們談到了教養問題是非常需要兩人共同承擔的。蕾姬經常會因為他沒在家裡幫忙做事而責罵他，或者嘮叨他的課業；但過了一會兒，她就會為他做點心，或者替他洗衣服、繳手機帳單。

某些時候，就像其他夫妻前來討論孩子的問題時，十之八九都會出現的情形一樣，蕾姬和勞倫斯停止談論伍迪，並開始談論他們自己的問題。他們的性生活令他們痛苦失望，甚至已經逐漸減少，現在幾乎沒有親密的互動。目前還不清楚他們為什麼停止了性生活，因為他們都表示自己懷念親密時光。儘管如此，他們都無法主動。夜深人靜的時候，他們也不會靠向對方，彷彿被凍住了；雖然充滿渴望，卻一動也不動，就像床上的大理石石棺。

雖然我能感覺到他們的不自在，但我決定更直接地詢問他們不做愛的問題。我問他們是什麼時候開始次數變少的，他們是否對發生這種情況的原因有何想法。此時，他們開始發現一起參加晤談會有困難。有一個星期，勞倫斯的背痛得厲害，所以他不能來。接下來那個星期，蕾姬必須去探望她的母親。然後勞倫斯跟牙醫有約，無法更改時間；蕾姬必須帶伍迪去參加一個面試。就這樣，我輪流個別見他們兩個人，我承認，我花了幾個星期才把事情串連起來，原來一起探索他們的性生活是他們不自覺在抵抗的事情。

當我終於讓他們一起回來諮商室時，已經是十一月了，天氣寒冷刺骨。我辦公室的暖氣壞了，只好將就使用一臺聲音很大、效果勉強的暖風機。

「伍迪找到工作了！」勞倫斯興奮地告訴我。

「他正在為銀髮慈善機構工作，」蕾姬笑著插話說。

「我替那些老人覺得難過，」勞倫斯開玩笑說。

然後他們爭先恐後地告訴我更多關於這個消息的事，當我試圖公平地聽他們兩人的說法時，我又一次感覺到我的頭要不斷地左右轉動。然後像往常一樣，他們陷入了爭吵。

「我不懂為什麼你要和蘇珊娜說起這件事。在他拿到碩士之前，你一直反對他去工作的。」勞倫斯生氣地說。

「亂講，是我帶他去面試的，」蕾姬任性地說，瞥了我一眼，「是我幫他寫求職信的，你真的認為你是唯一替伍迪做事的人？」

「你老是嫉妒我們的關係，向來如此。你從來沒有讓我和伍迪有時間相處，你都占為己有，你真的很會破壞事情。」

突然間，我想到了，我就像是伍迪。或者更確切地說，他們對我和對他的關係有些相似之處，他們爭奪我的方式與爭奪他們兒子的方式相同。這種情況正在現場發生。他們爭論的時候，兩人都在關注我的反應、我會站在哪一邊。而我辛苦地去傾聽和顧及他們時，我發現自己有那種熟悉的「溫布頓觀賽感」。

「看來你們倆都覺得伍迪與你們的關係，並不像夫妻與小孩的關係，這就意味著你們必須為他的愛而競爭。我不知道你們對我是否也有類似的感覺——你們都在不斷地檢視我更喜歡你們之中的哪一個。我想你們都認為，只有你們當中的一個人能夠引起我的注意和關心，另一個人則會被完全冷落在一邊。好像你們無法想像，我可以把你們兩個都放在心上？」

他們停止了爭吵，轉而向我保證事實並非如此。他們說，他們都認為我是完全公平的，這是他們對我感到放心的原因之一。但當他們開始探索他們的競爭心態時，有些事情顯然符合他們的情況。他們笑著回顧他們玩遊戲時的行為，他們自己承認可以把一切變成一場比賽。

「當你們還是小孩的時候，會和兄弟姊妹競爭嗎？」我問道。

「我姊姊年紀比我大很多，我覺得自己更像是獨生女。我絕對是我父親的最愛，對吧？」蕾姬先說，看向勞倫斯尋求確認。「他總是站在我這邊，如果媽媽生氣了，他會斥責她。自從他死後，我和媽媽的關係變得親近許多。」蕾姬停了下來。「我感覺……感覺……我在青少年時期對待她的方式讓我有點內疚。」我看著她逐漸吸收自己剛才說的話。「我不想讓伍迪也是這樣……我不希望他像我一樣覺得自己『左右為難』。」

「左右為難？」我跟著附和，希望聽到更多訊息。

「是的，好吧，他們總是在吵架。我媽老是因為一些事情對我爸發火，通常是關於錢的事。」她悲傷地說，「我想我為他感到難受，因為她也對我嘮叨，他也為我感到難過。」

「聽起來你和父親有某種特殊的緊密關係？」我大膽地說，她點點頭。「這樣的關係排除了你的母親。」我繼續說。

她再次點點頭，然後注意到勞倫斯一臉困惑，她轉動了她的手，做出「你是什麼意思？」的熟悉手勢。

「但你爸爸愛你媽媽，他很深愛她。我從未見過他們爭吵。他們看起來關係很緊密……非常親密。至少，在我看來。」

「那是後來，是在我離開家之後的事。我想我搬出去之後，情況改變了。你沒見過他們以前的樣子，他們以前完全不是這樣，是會激烈爭吵的。」

我們談了更多關於蕾姬童年的事，以及她為自己從沒真正有過手足在身邊的感受而覺得遺憾，然後，他們突然談起失去的嬰兒。我幾乎忘記了死胎的事——我們已經好幾個月沒討論這件事了——但現在它似乎非常重要。

「我希望我們有兩個孩子，一個還不夠，」勞倫斯說，遺憾地笑了。然後他談到了他與五個兄弟姊妹一起長大，這是與蕾姬截然不同的經歷，「在很多方面這都很棒，我從來都不孤單，總是有人陪我玩……或爭吵。我一直認為這對伍迪來說有點悲傷，他只有我們……」

「但我想，你有時一定很難得到別人的關注？」我評論說，「例如得到父母的關注？」

「可以這麼說，」勞倫斯回答，看上去若有所思。

晤談結束了，感覺好像我們有了點進展。什麼樣的進展，我不確定，但有些東西正在發生變化。我知道，對這對夫婦來說，他們糾結之處圍繞著親子的三角關係。就好像他們真的相信那句老話：「兩人成伴，三人不歡。」一人一多時，你就不太可能被看到，或是被注意到。

幾個星期過去了，蕾姬和勞倫斯獲得了緩慢而穩定的進展。他們會繼續吵著誰在做什麼，以及伍迪是否完成自己分內的事，但他們的爭吵似乎不那麼激烈了，我們有越來越多的反思時刻。我感覺伍迪也做得更好了，關於他的那些舊爭論已經減少。他似乎有一個女朋友，叫瑪雅，雖然他不讓蕾姬和勞倫斯見他的女友，但很明顯地，他出門次數變多了，不再老是待在家裡玩他的Xbox。

然後，有一個星期他們進來時，我立刻知道有不對勁的地方。

有很長一段時間他們都沒有說話，他們避免看對方，甚至避免看我。我們靜靜地坐著，時鐘的滴答聲是房間裡越來越寂靜的唯一伴奏。我都能聽到外頭傳來小朋友從對面學校走出來的聲音。

「今天的晤談要起個頭很難嗎？」我最終說出了感想。

他們什麼都沒說，我們坐得更久了，我能感覺到緊張的氣氛在上升。過了一會兒，我又試了一次，「也許你們倆都太生氣了，所以不願意說話？」

這似乎刺激了蕾姬，她看著我，好像第一次注意到我的存在。她輕輕地笑了一笑，我想她是在為他們沒有反應而道歉。

「我想我們應該解釋一下。」勞倫斯的聲音打破了像死灰一般的寂靜，害我幾乎跳了起來。然後他告訴我，前一天晚上發生了激烈的爭吵，最後伍迪收拾行李，搬出去了。他們不知道他去了哪裡，但他們認為可能是去了他女朋友的家。接著他們開始熱烈交談，又焦急地談論了幾分鐘，關於他們應該怎麼做。他們打了好幾次他的手機，但都關機了，他們還打給他的一些朋友，但朋友似乎都不知道他在哪裡。他們沒有瑪雅的電話號碼，也不知道她住在哪裡。當他們說話時，我能感覺到恐懼在上升，而且，他們變得更加憤怒和責備對方。

「如果他不回來，我永遠不會原諒你！」蕾姬飆罵著。

「我不會當你的代罪羔羊！你不能像往常一樣把一切都歸咎於我。是你老愛找他麻煩，不是我。你一向如此。如果你沒有喋喋不休地一直講車子裡很亂的事，他也不會離開。但你就是無法閉嘴，他已經做很多事了。」

「他哪有做很多事情，你亂講。你要我照顧你又照顧他，那我算什麼？你們兩人的老媽子嗎？他不再需要我把他當成小孩照顧了，這不是我們和蘇珊娜達成的共識嗎？但他確實需要你站出來，拜託你好不好，做一個稱職的父親。樹立一個好榜樣，不要再向我抱怨了！」

那次的晤談他們沒有取得什麼進展，當他們氣沖沖地離開時，我替他們感到擔心。那天晚上，我在清晨醒來，想知道伍迪去了哪裡，以及他是否安全。

幾個星期過去了，伍迪沒有回來，也沒有聯繫他們。他沒有回覆他們的簡訊，也沒有接電話；他完全把他們拒之門外。我看著他們崩潰，這令人心痛。一次又一次的晤談，他們哭泣、爭吵，然後又哭泣、爭吵，而我所能做的就是在他們的憤怒和悲傷中陪伴他們。很多時候，當他們設法接受伍迪不回來的事實時，我忍住了自己的眼淚。他們知道他很安全，他們從他的一位朋友那裡聽說，他就住在附近，一切都沒事，和瑪雅一起在倫敦南部生活。他們還可以看到他在社交媒體上發布的內容，但他已經換了電話號碼，也不回覆電子郵件。他離開了他們、拋棄了他們，感覺這是一種殘酷而痛苦的離開方式。

我告訴他們，我認為伍迪覺得這是與他們分開的唯一方法，他必須發動他感受到的每一點憤怒，才能將自己從他們柔軟的懷抱中脫離出來。也許這個想法會對他們有一點幫助，我不是很確定。勞倫斯睡不著，醫生開了安眠藥；蕾姬覺得早上很難起床，醫生開了抗抑鬱藥。他們無能為力，但別無選擇，只能等待和期盼著，我則和他們一起等待和期望。

當然，有時他們會恨他們的兒子，但都不會持續很久。他們把最深的憤怒留給了瑪雅，他們認為瑪雅是個女巫，是個婊子，更糟糕的是還偷走了伍迪。我試圖幫助他們明白，伍迪已經長大了，並做出了自己的選擇；就他們所知，瑪雅可能會懇求伍迪與他們聯繫。

對於一些夫妻來說，這件事可能讓他們凝聚在一起，但伍迪就是他們之間的黏合劑，沒有他在，還剩下什麼呢？他們開始談論分居，是蕾姬起的頭。她已經決定不再和勞倫斯一起工作，她太老了，不適合做園藝，所以她在當地一家書店為一位朋友工作。勞倫斯悶悶不樂，把辦公室當成避難所躲在裡面，自己一個人彈著吉他好幾個小時，為了避開蕾姬。他們的家已經空了，他們現在面對的只是對方和他們之間剩下的東西。

許多夫妻一旦有了孩子，就失去了與對方的情感連結。這樣的問題往往與一種感覺有關，即他們之間的親密關係因為小孩的緣故而被殘酷地排除在外；如果家中只有一個小孩，這個問題可能更嚴重。家庭生活變得以孩子和孩子的需求為中心，而一旦孩子離開家裡（在這個案例，孩子可能需要更長的時間來離開家裡），此時，這樣的夫妻就會發現自己沒有情感關係可以倚靠。

雖然我很努力了，但在這段期間，我覺得我無法影響勞倫斯或蕾姬；他們所遭受的創傷已經留下傷痕，他們現在似乎已經認定他們的婚姻也結束了。**他們為所發生的事情互相指責，把內疚和失敗感從自己身上推到對方身上。他們忘記了他們曾經共有的東西，忘記了他們一起打造的人生經歷。**在晤談中，他們經常重修舊好，但好像沒有伍迪和他們在一起，一切就太痛苦了，完全無法承受。伍迪離家出走將近一年後，勞倫斯搬出去和他的妹妹艾麗絲住在一起。

儘管他們分居了，他們仍然來找我。我想，在那個時候，我彷彿是黑漆漆汪洋中的定海神針，也許我把他們與希望、愛和雙方重新連結起來？

然後，在勞倫斯搬出去三個星期後，伍迪出現在老家門前，手裡拿著行李箱。對此我覺得十分有趣，勞倫斯剛離開，伍迪就回來了，這似乎很特別。這是什麼意思？難道是伍迪已經無法忍受親子的三角關係？那是他離開的原因嗎？勞倫斯的離開，此刻是否給伍迪留出了一個空間，讓他可以獨占蕾姬？他現在回來的原因，只因他不會再「左右為難」了？還是他覺得自己不能讓他可憐的母親獨自一人？

兩個星期後，在四月一個明亮、清爽的週一上午，蕾姬和勞倫斯一起抵達來晤談。我可以聽到他們進門時邊聊邊笑的聲音，我對自己笑了笑，想知道他們現在是否正重歸於好。

這天，當勞倫斯脫下他那件破舊的卡其色外套時，他毫不猶豫地說：「我們這一週過得很好，有好多事可以告訴你。」他瞥了蕾姬一眼，她點頭表示同意。

「我們和伍迪好好談過了，雖然很尷尬，但真的很有幫助。我大大地鬆了一口氣，你也是吧，蕾蕾？」

「是啊，是啊。我要告訴蘇珊娜他說了什麼嗎？」

「當然啊！」勞倫斯回答說，我對他們終於看起來像是一對夫妻那樣行事感到驚訝。「嗯，我們上週二談了幾個小時——簡直……太棒了。我說不出來，蘇珊娜。感覺就像……重獲新生，」蕾姬笑著說，「你上週對我們說的，我們需要像家人一樣坐下來，這真的很有幫助。在見了你之後，我們倆去吃午飯，同意我們不能讓他『分裂』我們，你懂的，就像你描述的那樣，我們需要成為一個團隊。你說，『記住你們是在同一個團隊中』，這句話真的點醒了我們，因為這一直是問題所在，不是嗎？我們都不知道我們是站在同一邊的。於是回家後我們告訴他，我們想跟他談談。他看起來很害怕，我也很害怕，我想著他會不會再次離家出走。」

「第二天晚上我回家吃晚飯，」勞倫斯興奮地主導了局面，「坦白說，我嚇到快尿褲子了，但是伍迪說他很抱歉，他只是需要離開一下，因為他已經厭倦了我們。」

「他有說出他厭倦的部分是什麼嗎？」我問道。

「我們一直吵……一直吵，然後又嘮叨個不停，」勞倫斯回答，「他說家裡沒有他的空間。這真諷刺。我們一直因為他而爭吵，但他從來沒有機會說話。」

蕾姬補充說：「是的，而且我們過於關注生意。」

「嗯，是有一點，但這並不是主要的抱怨，是我們一直在爭吵，對吧？」

我可以看出他們又要開始吵了，我指出了這個充滿諷刺的現象後，我們都笑了。我想了想，在許多時候，我可能也有過類似經歷，而這卻是伍迪日常生活的經歷。我夾在他們之間覺得左右為難，這也使我變得有點重要，因為他們都需要我的認可和關注。但我也經常覺得無能為力，他們的好強使他們完全專注於對方，似乎沒有任何空間給其他人，或許只剩下當他們爭吵的裁判。我想到的是，小孩的孤獨感和這種「左右為難」、令人反感的情況。伍迪顯然覺得自己被疏忽和忽視，而在他離開時，他反過來讓他們感到被疏忽和忽視，就像他自己感覺到的那樣。

此後，情況發生了很大的變化。我們努力了解所有這些截然不同的線索，他們開始承認，對伍迪和他們來說，這種親子的三角關係有多麼辛苦。在他們的內心世界裡，似乎總是有一種危險，那就是有人會被排除在外，他們為了不想淪落到那樣的處境而與對方爭吵。他們競相成為伍迪最好和最愛的父母，所以都會溺愛他，但在奪取勝利的過程中，伍迪真正的情感需求被忽略了，最終沒有人成為贏家。

在他們結束治療前的一次晤談裡，蕾姬提到伍迪還是個嬰兒時，她就開始對與勞倫斯行房感到焦慮不安。她擔心他會醒來，需要他們，擔心他哭的時候，他們會聽不到他的聲音。我們深入探討了他們內心深處，對於親密行為感到內疚的情形；無論是性行為或其他情況，之所以內疚是因為那麼做會把伍迪排除在外。這些戀母情結的氣氛滲透到家庭系統中，影響著一切事情。

後來，伍迪又搬出去和朋友住在一起，勞倫斯幾乎是馬上就搬回來了。他住在空房裡，和蕾姬兩人似乎過得很自在，他們好像需要更獨立分開的空間。當他們結束治療時，他們是帶著平靜的感激之情。我想他們已經成長了很多，他們都比較收斂了，也少了很多爭吵，但也許他們的分享也少了一些？

所有夫妻都必須學會接受他們關係的局限。有些夫妻試圖透過迴避事情，或在其他地方找到安慰，來應付令人失望的事；有些夫妻，例如蕾姬和勞倫斯，則像在進行一場漫長、戲劇化的硬戰，以獲得他們想要的東西，而且在某種程度上，這些硬戰讓夫妻雙方都非常投入。隨著歲月流逝，多數夫妻都停止了大部分的硬戰。**老化的自然過程使我們更加意識到衝突的代價，而且經過硬戰的摧殘後，我們更能慢慢地接受伴侶是什麼樣的人，並認識到有些事情就是如此**。正因為如此，夫妻之間會降低對彼此的期望，當這種情況發生時，失望就會減少，然後會有更多的能力來享受和欣賞他們所擁有的東西。

後記

可能會有許多讀者覺得這些案例令人喪氣，他們可能希望有更多的細節、更明確的內容，特別是更清楚和更確定的結果。我對此感到抱歉，但我只能說，這是每位心理分析治療師每天都要面對的挫敗感。人們永遠無法真正了解潛意識，如果可以，那就不是潛意識了，不是嗎？我們能做的，只是從深層意識裡獲取一些資訊，並學會注意到不時出現在表面的明顯訊號。所謂的「了解」始終是猜測罷了，只有對個案有意義時，了解才有意義。

許多章節在沒有任何結論的情況下就結束了，個案就這樣從紙上消失，不見蹤影。我無法為欠缺更多的內容而道歉，因為這正是我所經歷的。我極少知道治療是否能使伴侶兩人或個別的個案獲得足夠好的生活，我不會去查證伴侶是否能走下去，或者他們的孩子是否茁壯成長。這很遺憾，但我得盡可能專注在眼前的情況，這是治療最基本的工作內容，也是感受會出現的地方。所以，為了做到原汁原味的呈現，恐怕你必須像我一樣，忍受這種殘缺的故事結局。

這本書的大部分內容是在疫情期間撰寫的，很明顯，這場全球災難對我們所有人和我們的家庭生活產生了巨大影響。我認為目前沒有人能完全知道這種影響意味著什麼，儘管我們都渴望得出結論。我們的心理狀況會變成如何還不得而知，儘管對兒童和青少年的影響開始顯得令人擔憂。

我注意到，對一些夫妻來說，幾乎沒人提及這種流行病。夫妻越是痛苦，疫情被納入晤談中去討論的機會似乎就越少。我已經漸漸釐清並得出結論了——對大多數痛苦的個案來說，內在的感受是如此喧囂，以至於幾乎聽不到外在世界的喧鬧和噪音。

致謝

我要感謝很多人，他們讓我相當感恩。首先，我必須感謝我的編輯德拉蒙德・莫伊爾（Drummond Moir），儘管我對寫作沒有把握，他卻對我充滿信心，而且對本書的回饋和建議非常寶貴。感謝莉茲・馬文（Liz Marvin）精湛的編輯能力，以及潔西卡・派特爾（Jessica Patel）的協助，也要感謝我的經紀人佐伊・羅斯（Zoe Ross）。我在安妮女王街診所的同事，比蒂・阿諾特（Biddy Arnott）、史蒂芬・布盧門塔爾（Stephen Blumenthal）和蘇珊・奧斯汀（Susan Austin），他們在一些困難的時刻一直給予我極為可靠的支持、為我加油，並提供了明智的建議。我感謝布萊特・卡爾（Brett Kahr）、蘇西・奧巴赫（Susie Orbach）和史蒂芬・格羅斯（Stephen Grosz），當我開始寫這本書時，他們都與我談過話，並大方提供他們的時間和經驗。布萊特給的建議是，就像我在說話一樣地寫出來（我是個很會說話的人！），這讓我的信心大增。感謝珍・麥格雷戈・赫本（Jan McGregor Hepburn）親切的支持。我要感謝艾倫・柯拉姆（Alan

Colam）和大衛・海維森（David Hewison），他們與我討論了職業道德的問題。企鵝藍燈書屋的凡妮莎・米爾頓（Vanessa Milton），知道我在說她幫我做了哪件事，我對她感激不盡。

我深深地感謝我在塔維斯托克人際關係機構的許多同事和老師，遺憾的是他們當中有些人已經過世。很多同事啟發了我，對我很重要，很難把他們一一寫出來，但這本書運用了他們的知識和經驗，沒有他們就不可能完成。特別感謝華倫・科爾曼（Warren Colman）、克里斯多福・克魯洛（Christopher Clulow）、瑪麗・摩根（Mary Morgan）、史丹・魯斯琴斯基（Stan Ruszczynski）、大衛・海維森（David Hewison）、克莉絲德爾・巴斯—特瓦特曼（Christel Bus-Twachtmann）和安東・奧布霍澤（Anton Obholzer）。此外，還要感謝詹姆斯・費雪（James Fisher）和妮娜・科恩（Nina Cohen）的奉獻。這些人對我成為精神分析心理治療師的發展至關重要，這本書的許多觀點都是出自他們口中。我還要感謝伊麗莎白・吉伊（Elizabeth Gee），我很早以前就該感謝她。感謝我的好友們，他們聽我說這本書有很長一段時間了。特別是琳達・妮德（Lynda Nead）教授、夏綠蒂・威克斯（Charlotte Wickers）、珍妮・李德爾（Jenny Riddell）和安德莉亞・科萊特（Andrea Collett）。感謝我姊姊凱倫・阿貝西（Keren Abse）的慷慨支援，她在奧格莫爾海濱的家是個讓人愉快又安靜的寫作之處。

感謝我的丈夫保羅・高格蒂（Paul Gogarty），沒有他就不會有這本書。他已將所有章節讀了不下數十次，修改了我笨拙的文字，並提供深刻的見解和想像力，糾正我可怕的標點符號，使一切變得更好。我永遠感謝米倫・洛佩特吉（Miren Lopategui）和奈傑爾・理查森（Nigel Richardson），感謝你們犀利且仔細地閱讀這本書。還要感謝我的孩子，麥克斯・高格蒂（Max Gogarty）和菈恩・阿貝西・高格蒂（Larne Abse Gogarty）以及他們的配偶蘇西・葛雷（Suzy Gregg）和亞當・萊恩（Adam Lane），他們對我的書一直很感興趣和耐心期待。最後，感謝我的孫子魯迪（Rudy），他是在這本書問世的當週出生的，你的即將降臨促使我完成這個寫書的任務。

最後要對我過去和現在的個案深表感謝，他們讓我進入他們的生活，我從他們身上學到了很多東西。

國家圖書館出版品預行編目資料

我們為何不愛了？：走入愛情諮商室，克服脆弱、孤獨與背叛，找回彼此最動人的模樣／蘇珊娜・阿貝西（Susanna Abse）著；黃庭敏譯. -- 初版. -- 臺北市：日月文化出版股份有限公司，2023.06
336面；14.7×21公分. --（大好時光；70）
譯自：Tell Me The Truth About Love: 13 Tales From The Therapist's Couch
ISBN 978-626-7238-84-4（平裝）

1. 婚姻治療法 2. 夫妻 3. 兩性關係 4. 心理治療

178.8　　112006002

大好時光 70

我們為何不愛了？

走入愛情諮商室，克服脆弱、孤獨與背叛，找回彼此最動人的模樣

Tell Me The Truth About Love: 13 Tales From The Therapist's Couch

作　　者：蘇珊娜・阿貝西（Susanna Abse）
譯　　者：黃庭敏
主　　編：藍雅萍
校　　對：藍雅萍、張靖荷
封面設計：Bianco Tsai
美術設計：尼瑪

發 行 人：洪祺祥
副總經理：洪偉傑
副總編輯：謝美玲
法律顧問：建大法律事務所
財務顧問：高威會計師事務所
出　　版：日月文化出版股份有限公司
製　　作：大好書屋
地　　址：台北市信義路三段151號8樓
電　　話：（02）2708-5509　傳　　真：（02）2708-6157
客服信箱：service@heliopolis.com.tw
網　　址：www.heliopolis.com.tw
郵撥帳號：19716071 日月文化出版股份有限公司

總 經 銷：聯合發行股份有限公司
電　　話：（02）2917-8022　傳　　真：（02）2915-7212
印　　刷：禾耕彩色印刷事業股份有限公司
初　　版：2023年06月
定　　價：450元
I S B N：978-626-7238-84-4

生命,因**閱讀**而**大好**